Aus Nachbarn wurden Juden

Aus Nachbarn wurden Juden

Ausgrenzung und Selbstbehauptung
1933-1942

herausgegeben von Hazel Rosenstrauch

mit Fotos von Abraham Pisarek
Erinnerungen von Ruth Gross
und Briefen der Familie Königsberg

: TRANSIT

Diese Toten

Im Gedenken an die Nacht der Judenverfolgung (»Reichskristallnacht«)
in Deutschland am 9./10. November 1938

Hört auf, sie immer Miriam
und Rachel und Sulamith
und Aron und David zu nennen
in eueren Trauerworten!
Sie haben auch Anna geheißen
und Maria und Margarete
und Helmut und Siegfried:
Sie haben geheißen wie ihr heißt

Ihr sollt sie euch nicht
so anders denken, wenn ihr
von ihrem Andenken redet,
als sähet ihr sie
alle mit schwarzem Kraushaar
und mit gebogenen Nasen:
Sie waren manchmal auch blond
und sie hatten auch blaue Augen

Sie waren wie ihr seid.
Der einzige Unterschied
war der Stern den sie tragen mußten
und was man ihnen getan hat:
Sie starben wie alle Menschen sterben
wenn man sie tötet
nur sind nicht alle Menschen
in Gaskammern gestorben

Hört auf, aus ihnen
ein fremdes Zeichen zu machen!
Sie waren nicht nur wie ihr
sie waren ein Teil von euch:
wer Menschen tötet
tötet immer seinesgleichen.
Jeder der sie ermordet
tötet sich selbst

Erich Fried

Impressum

Copyright 1988 by : Transit-Buchverlag,
Gneisenaustraße 2, 1 Berlin 61
Umschlagentwurf: Nicolaus Ott + Bernard Stein, Berlin
Layout und Herstellung: Gudrun Fröba, Berlin
Druck und Bindung: Fuldaer Verlagsanstalt, Fulda
ISBN 3-88747-049-4

Seite 5: Erich Fried, Wächst das Rettende auch?
Gedichte für den Frieden, Seite 98.
Copyright by Bund-Verlag, Köln 1986.
Wir danken für die Abdruckrechte.

INHALT

Vorwort

Wie wird ein Nachbar zu »dem Anderen«? Wie wird aus einer Gruppe von tausenden unterschiedlicher Menschen, von denen ein großer Teil kaum mehr durch Religion oder Habitus besonders auffiel, der »Jude«, ein Symbol, das mehr mit Karikatur als mit der realen Erfahrung der deutschen Bevölkerung zu tun hat. Die Fotos und Texte dieses Bandes zeigen Juden nicht primär als Opfer von nicht begreifbaren Extremen her, sondern im Alltag unter dem Nationalsozialismus. Ein jüdisches Leben, das so genannt werden dürfte, hörte 1942 auf; Bilder von der Vernichtung, die im Gedenken an diese deutschen Staatsbürger bis heute im Vordergrund stehen, sind bewußt nicht aufgenommen worden.

Es gibt kaum einen Film zum Thema Juden, in dem nicht − wie wenig es zum Gegenstand auch passen mag − Leichenberge gezeigt werden, der »Jude« steht mit Käppi und Schläfenlocken dargestellt wird. Wenn ungenau und deshalb unrichtig der »jüdischen Kultur« gedacht wird, verbirgt sich hinter dieser Sammelbezeichnung irgendetwas »Anderes« oft eine abenteuerliche Mischung aus folkloristischer Vorstellung von Ostjuden, Assoziationen an Bankiers und Warenhausbesitzer, Genies wie Sigmund Freud und Albert Einstein. Jede der Erinnerungen ist, falls nicht mit Haß, so mit Tremolo in der Stimme verbunden. Ihre Ausgrenzung hat sich bis heute in der verräterischen Sprache von »Juden und Deutschen« oder der Verwechslung von Israeliten und Israelis erhalten.

Zur Erbschaft des Nationalsozialismus gehört die Notwendigkeit, immer wieder Anführungszeichen vor die Worte »deutsch« und »jüdisch« zu setzen. Es gab und gibt viele unterschiedliche Möglichkeiten jüdisch zu sein. Kein Philosoph hat die Frage endgültig beantwortet, was ein Jude sei, nur die Verfolger hatten die Antwort, wußten auch noch genau, was »viertel-« oder »achteljüdisch« und was »rein deutsch« sei.

Bevor die Nachbarn, denen der gelbe Stern aufgezwungen wurde, umgebracht wurden, hat man sie gedemütigt und aus der Gemeinschaft ausgeschlossen. Und bevor sie von Auschwitz wußten, haben Juden, die sich oft als gute Deutsche fühlten, sich nicht vorstellen können, daß ihnen so etwas passieren könnte. Der eine war stolz auf seinen Goethe, der andere auf das Eiserne Kreuz, das er sich im Ersten Weltkrieg verdient hatte. Ein großer Teil der Juden wollte nach über hundert Jahren Akkulturation, im Bewußtsein, daß sie 500 oder 1000 Jahre in Deutschland zu Hause waren und seit mehr als zwei Generationen zumindest formal als gleichberechtigte Bürger galten, nicht glauben, daß sie wieder zu Fremden gemacht und völlig entrechtet werden könnten.

Die Fotos von Abraham Pisarek sind nicht nur ein einmaliges Dokument jüdischen Lebens während der NS-Herrschaft, sie zeigen auch ein Leben, das geeignet ist, jenes bis heute dominierende Bild zu korrigieren, das Juden fast immer entweder als »tragische Opfer« an der Bahnrampe oder im Kaftan oder als geniale Beiträger zur deutschen Kultur vorstellt. Nicht alle Bilder sprechen für sich, sie werden durch Dokumente, Texte und Bildlegenden kommentiert. Es ist ein Glücksfall, daß die Tochter des Fotografen, Dr. Ruth Gross, viele der Bilder erklären kann und ihre Erinnerungen aufgezeichnet hat. Frau Gross hat die Texte, die in diesen Band aufgenommen wurden ursprünglich nicht für ein Buch verfaßt, sondern für sich und ihre Familie.

Die Verfolgungen waren nicht überall gleich. In Österreich, wo die fünf Jahre »Vorbereitungszeit« fehlten, waren die Menschen weniger auf ihre Auswanderung gefaßt, wurde der Raum, in dem Juden leben durften, besonders schnell eingeengt. Den Berliner Erinnerungen und Dokumenten folgen Briefe, die die Suche nach Auswegen, nach Auswanderungsländern und die Emigration schildern. Das Buch wurde zum Anlaß, mich dem Nachlaß meiner Großeltern zu stellen, der seit Jahren unberührt in einem Schrank lag. Er besteht in einer schmalen Mappe von Briefen. Meine Mutter hat sie durch Erinnerungen ergänzt.

Die Auswahl der Texte folgt nicht primär dem Interesse an einer Dokumentation, sondern vielmehr dem Ziel, uns Nachgeborene von gutgemeinten Klischees zu befreien. Das Buch will nicht die berühmte »Identifikation« lancieren, die ja immer auch eine Verhöhnung derer ist, die all das Grauen wirklich erleben mußten, sondern zielt auf eine eher nüchterne Aufklärung. Leser, denen der historische Hintergrund fehlt, können sich an der Literaturliste am Ende dieses Bandes orientieren.

Ich danke Ruth Gross und meiner Mutter, Edith Rosenstrauch-Königsberg, für die Mitarbeit an diesem Buch, für zahlreiche Gespräche und natürlich das Material, das sie mir zur Verfügung gestellt haben, sowie Helga Woggon, die mir bei der Suche in Archiven und bei der Korrektur geholfen hat.

Ich widme dieses Buch Rosa und Max Königsberg und Jakob Rosenstrauch, den dreien meiner Großeltern, die nicht überlebt haben.

Vielfalt
und
Gemeinschaft

Das Ehepaar Abelsdorf,
Berlin 1936

Nur in den Köpfen von Antisemiten
bilden Juden eine homogene Gemeinschaft. Monika Richarz

Als die Macht Hitler und der NSDAP übergeben wurde, war das Leben
der jüdischen Minderheit sehr viel mehr von der Angleichung an ihre
Umgebung als von der Gemeinschaft bestimmt, die durch jahrhunderte-
lange Verfolgung entstanden war. Hinter der Bezeichnung »Juden« verbirgt sich eine Vielfalt weltanschaulich, religiös und regional bedingter
Unterschiede. Es gab zahlreiche Gruppen mit teilweise sehr gegensätzlichen Lebensgewohnheiten und Zielen. Neben den Gemeinden existier-
ten die politischen Organisationen, Interessen-, Frauen- und Jugendverbände. Es gab religiöse Juden und solche, die bestenfalls zu den hohen
Feiertagen in die Synagoge gingen und vom Judentum ungefähr soviel
verstanden wie ihre christlichen Nachbarn vom Christentum; unter den
Gläubigen befanden sich die Anhänger des reformierten Judentums und
Traditionalisten, die jeweils ihre eigenen Synagogen, Rabbiner und
Schulen hatten. Seit Beginn der jüdischen Emanzipation, die Teil der
deutschen Aufklärungsbewegung im 18. Jahrhundert war, wurde die
Diskussion um Deutschtum und Judentum, Reform und Orthodoxie,

Eingliederung und verschiedene Möglichkeiten der Bewahrung des »Jüdischen« von weit auseinanderliegenden Positionen her geführt.

Zu »Rassejuden« wurden auch Kommunisten und Sozialisten aus jüdischen Elternhäusern, deren Selbstverständnis und Lebensform mit Judentum nichts mehr zu tun hatte, und Getaufte, die manchmal erst, als sie den »Ariernachweis« erbringen mußten, von ihren jüdischen Großeltern erfuhren. Es gab bewußt jüdische Sozialisten, Konservative und sogar eine kleine Gruppe deutschnationaler Juden, die sich mit völkisch verstandenem Deutschtum identifizierte.

Die größte Gruppe bildeten die Liberalen, die vorwiegend im *Centralverein deutscher Staatsbürger jüdischen Glaubens* organisiert waren. Die vom modernen Nationalismus inspirierten Zionisten hatten zahlenmä-

ßig zunächst nur kleine, wenngleich effektive Organisationen, die vor allem um die Einwanderung nach Palästina und die Eingliederung der
Ostjuden warben; unter diesen Zionisten gab es Rechte und Linke, die
in vielen Punkten divergierten.

Die − auch für die assimilierten Juden − exotischen Ostjuden brachten ihrerseits unterschiedliche Sprachen und Traditionen aus ihren je-
weiligen Ländern mit. Innerhalb der jüdischen Jugendbewegung gab es
religiös, zionistisch oder deutsch orientierte Bünde; sie waren dem Vor-
bild der deutschen Jugendbünde nachgeformt. Die Bedeutung der Religion war für die meisten Juden Deutschlands relativ gering; nur die
Orthodoxen und die zunächst kleine Gruppe der Zionisten, die sich als
Angehörige eines jüdischen Volkes verstanden, kultivierten die Idee ei-

ner »jüdischen Gemeinschaft« – auf sehr unterschiedliche Art, gilt doch für die Gläubigen die Gründung eines jüdischen Staates vor der Ankunft des Messias bis heute als Sakrileg. Jüdische Studenten hatten sich in eigenen Verbindungen organisiert, nicht zuletzt, weil sie von der antisemitischen Studentenschaft ausgeschlossen worden waren. Den Reichsbund jüdischer Frontsoldaten, der sein Heil in der Annäherung an nationalsozialistische Ideologie suchte, hatte für die Alijah, die sich auf die Einwanderung nach Palästina vorbereitete, wenig übrig, bevor sie alle mit gleicher Brutalität verfolgt wurden. Jüdische Sozialisten und deutschnationale Juden waren auch noch nach 1933 weit voneinander entfernt. Die Reaktion auf den Antisemitismus reichte (schon in der Weimarer Republik) von der Wiederbelebung einer jüdischen Identität bis zum Bemühen, die Loyalität gegenüber Deutschland in verschiedenen Formen zu beweisen.

Neben einer schmalen Oberschicht mit geringer jüdischer Identität überwog ein breites jüdisches Bürgertum und Kleinbürgertum neben einem Proletariat, das vorwiegend ostjüdischer Herkunft war. Wie in der gesamten Bevölkerung gab es seit der Wirtschaftskrise eine wachsende Zahl von Arbeitslosen und von Selbständigen, die in Konkurs gehen mußten. Die Oberschicht – jene Bankiers, Warenhausbesitzer und

Rabbiner Dr. Max
Wiener bei einer
Gedenkfeier des

Reichsbundes jüdischer
Frontsoldaten auf dem
Friedhof Weißensee, 1937

Der Reichsbund jüdischer Frontsoldaten, gegründet 1919, war eine patrio-
tische, ziemlich konservative Vetera-
nenorganisation mit bis zu 50000
Mitgliedern. Er bekämpfte mit zahlreichen Kundgebungen, Broschüren
und Wahlplakaten die Propaganda,
Juden seien Drückeberger im Krieg
gewesen, und veröffentlichte 1932 ein
Gedenkbuch für die jüdischen Gefallenen des Ersten Weltkriegs mit fast
11000 Namen von Kriegsopfern. Als
Organisation und als einzelne haben
die Frontsoldaten versucht, mit dem
Hinweis auf ihre Treue und Opfer
fürs Vaterland die Nazis freundlich
zu stimmen. Die Ausnahmeregelung
für Frontsoldaten und deren Angehörige im Gesetz zur Wiederherstellung
des Berufsbeamtentums geht vermut-
lich auf eine Intervention des Reichsbundes bei Hindenburg zurück.

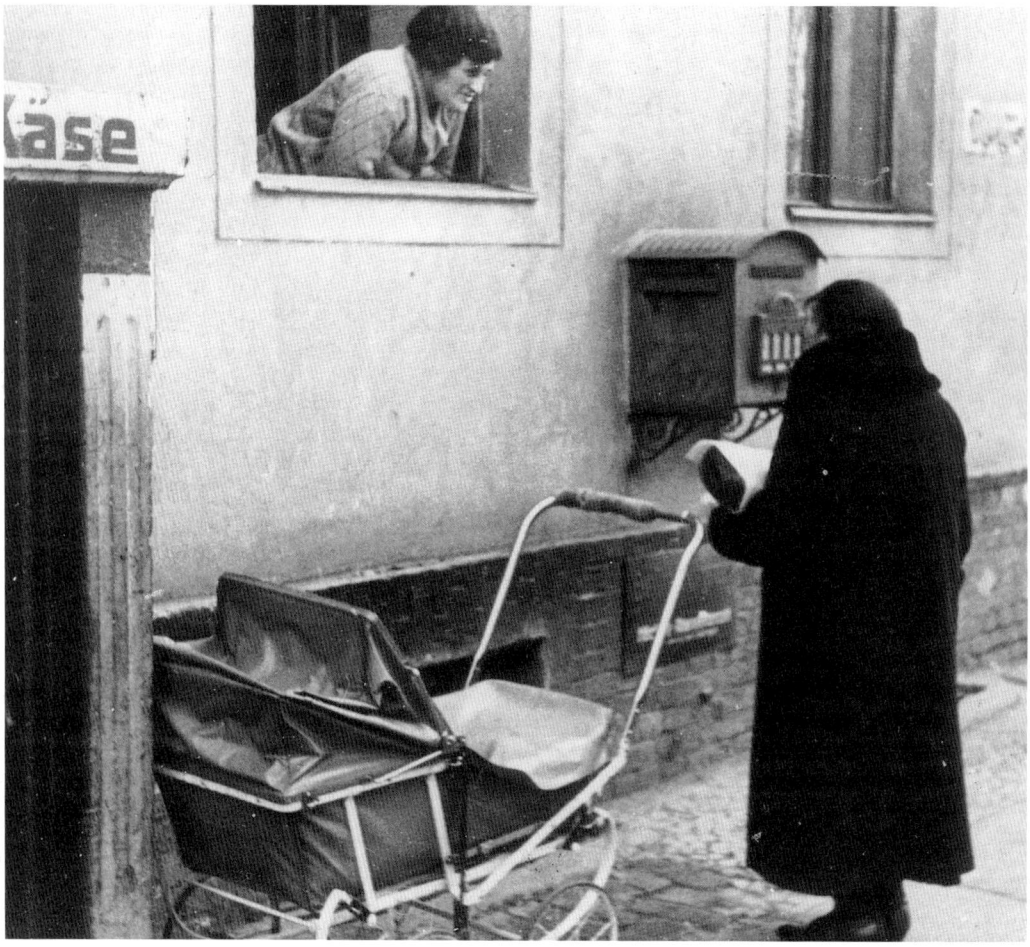

Fabrikanten, die in der Nazi-Propaganda eine so wichtige Rolle spielten – war weitgehend assimiliert und von der übrigen jüdischen Gemeinschaft ebenso weit entfernt wie die nichtjüdische Oberklasse von den Mittel- und Unterschichten. Wenn auch die Zahl der Selbständigen, nicht zuletzt wegen des Antisemitismus, unter Juden besonders groß war, so zählten selbständige Händler und Ladenbesitzer von ihrem Einkommen her eher zur Unterschicht. Sowohl innerhalb der verschiedenen sozialen Gruppen wie unter den verschiedenen Organisationen gab es die normalen Gegensätze und Konflikte.

Von all diesen Unterschieden mußte abgesehen werden, bevor »der Jude« zum erfolgreichsten Symbol der Nazi-Propaganda werden konnte. Und mit »dem Juden« wurden nicht nur die mehr oder weniger erkennbaren Gruppen ausgegrenzt. Die Zauberformel umfaßte alles, was

Opposition war, was nicht in das einfache, durch klare Begriffe gezeich-
nete Weltbild der Nazis paßte. Gewerkschafter, kritische Intellektuelle
oder Künstler, die »rassekundlich« nicht als »jüdisch« abzustempeln
waren, galten als »Judenknechte«, als »jüdisch-entartet« oder »jüdisch-
bolschewistisch verseucht«.

Die deutsche Gesellschaft bildete ja nur sehr künstlich, sehr kurz und formal eine »nationale Einheit«. Der »einheitliche Jude« ist eine Variante
der Sehnsucht nach der nationalen Einheit. Erst im Affekt gegen alles Un-
vertraute, gegen die Vielschichtigkeit einer demokratischen Gesellschaft
mit all ihren Konflikten entstand die »deutsche Volksgemeinschaft«.

Bürgerliche Familie
um 1936

Altersheim
Iranische Straße, 1934

Auftakt –
streng
legal

Zuerst wurden Juden und Nicht-Juden auseinanderdividiert. Man kennt das *Gesetz zur Wiederherstellung des Berufsbeamtentums* und weiß eventuell noch vom Boykott jüdischer Geschäfte. Die *Nürnberger Gesetze* und die Pogrome vom November 1938 haben Eingang in (manche) Schulbücher gefunden. Wie, bis ins kleinste Detail überlegt, die Absonderung eines Teils der deutschen Bevölkerung, der im wirtschaftlichen, kulturellen und wissenschaftlichen Leben Deutschlands heimisch war, ins Werk gesetzt wurde, ist weniger bekannt.

In Deutschland richteten sich die ersten Aktionen der Nazis gegen »Reichsfeinde«, vor allem also Linke. Die Ausgrenzung »der Juden« begann mit einer Flut von Gesetzen, die zwischen den Reichstagswahlen am 5. März und dem organisierten Boykott am 1. April veröffentlicht wurden. Es bedurfte dazu keines diktatorischen Drucks auf die verschiedenen Landesregierungen, Stadtverwaltungen und Kommissionen.

Am 2. März 1933 beschloß die Regierung Thüringens »bei Vergebung öffentlicher Aufträge nur Unternehmungen des guten alten Mittelstandes und christliche Geschäfte zu berücksichtigen«.

Die Stadtverwaltung Berlins erließ am 18. März 1933 – bereits vor dem Gesetz zur Wiederherstellung des Berufsbeamtentums – die Anordnung: »Jüdische Anwälte und Notare dürfen in Zukunft nicht in Rechtsangelegenheiten der Stadt Berlin tätig sein.«

Das Badische Ministerium für Kultus und Unterricht gab am 25. März 1933 bekannt: »Der Bezug der jüdischen Zeitschrift C.V. Zeitung ... ist von nun an verboten. Die in den Schulen vorhandenen Exemplare sind zu vernichten.«

Stadtverwaltung Köln, 27. März 1933: »Jüdische Firmen (deren Inhaber jüdischer Abstammung sind) sind in Zukunft weder zur Abgabe von Angeboten heranzuziehen, noch bei Erteilung von Aufträgen usw. zu berücksichtigen«.

Frankfurter Zeitung, 18. März 1933

Der Staatskommissar für Berlin Dr. Lippert beabsichtigt, die Aerztekollegien der städtischen Krankenhäuser grundlegend umzugestalten. Er empfing aus diesem Grund am Freitag eine Reihe von kommissarischen Bezirksbürgermeistern, die besonders über die Zustände in den Krankenhäusern berichteten und darüber Beschwerde führten, dass an den meisten städtischen Krankenhäusern 80 bis 90 Prozent, teilweise sogar 100 Prozent jüdische Kommunisten und Sozialdemokraten als Aerzte tätig seien. Dr. Lippert gab Anweisung, dass die Verträge aller dieser Aerzte zum nächstmöglichen Termin gekündigt werden.

Vossische Zeitung, 20. März 1933

Entschließung des Präsidiums des Deutschen Richterbundes:

Der Deutsche Richter-Bund begrüsst den Willen der neuen Regierung, der ungeheuren Not und Verelendung unseres Volkes ein Ende zu machen. Wir sind überzeugt, dass es dem Zusammenarbeiten aller aufbauwilligen Kräfte gelingen wird, die Gesundung unseres gesamten öffentlichen Lebens und damit den Wiederaufstieg Deutschlands herbeizuführen. Deutsches Recht gelte in deutschen Landen! Der deutsche Richter war von jeher national und verantwortungsbewusst; stets war er von sozialem Empfinden erfüllt. Er hat nur nach Gesetz und Gewissen Recht gesprochen. Das muss so bleiben! Möge das grosse Werk des Staatsaufbaus dem deutschen Volke alsbald das Gefühl unbedingter Zusammengehörigkeit geben. Der Deutsche Richter-Bund bringt der neuen Regierung volles Vertrauen entgegen.

Der Hessische Staatspräsident gab am 29. März 1933 eine Richtlinie heraus: »Ehrensache der deutschen hessischen Presse ist es, im Nachrichten-, Unterhaltungs- und Anzeigenteil fremdrassige internationale jüdische Einflüsse auszuschalten.«

Dies sind nur einige der Verfügungen, Rundschreiben und Empfehlungen, bevor am 29. März 1933 die NSDAP zum planmäßigen Boykott jüdischer Waren, jüdischer Ärzte und jüdischer Rechtsanwälte aufrief. Die Hetzkampagnen und vereinzelten Übergriffe hatten das Terrain für den Boykott jüdischer Geschäfte am 1. April 1933 vorbereitet. Der Boykott war das Vorspiel zur Plünderung, Stigmatisierung und Ausschaltung der Juden in den kommenden Jahren. Er zeigte den Juden, die glaubten, zur deutschen Gesellschaft zu gehören, zum ersten Mal, wie isoliert sie waren. Die im ganzen Land »spontan« gebildeten Aktionskomitees boten den Parteimitgliedern Gelegenheit, sich aktiv an der »nationalen Revolution« zu beteiligen, und mußten noch vorhandene Zweifel bei der deutschen Bevölkerung über den Charakter des Nationalsozialismus ausräumen – sofern sie nicht wegsah.

Mit dem *Gesetz zur Wiederherstellung des Berufsbeamtentums* vom 7. April 1933 wurden sämtliche Einrichtungen des Reichs, der Länder und Gemeinden, die Körperschaften des öffentlichen Rechts, Sozialeinrichtungen und damit auch Schulen und Hochschulen »gesäubert«.

Heute vormittag drang eine grosse Menschenmenge in das Amtsgericht Berlin-Mitte und in das Landgericht I ein und verlangte stürmisch die sofortige Absetzung der jüdischen Richter. Zugleich wurden die jüdischen Rechtsanwälte zum Verlassen der Gerichte aufgefordert. Es wurde daraufhin bei den Gerichten Sonntagsdienst anberaumt. Für das Amtsgericht Berlin-Mitte wurden an Stelle der jüdischen Richter andere Richter eingesetzt, und für das Landgericht I wurde angeordnet, dass Assessoren vorläufig an Stelle der jüdischen Richter amtieren sollen. Die jüdischen Richter und Rechtsanwälte verliessen darauf die Gerichtsgebäude, darunter auch der Präsident des Landgerichts I, Soelling.

*Berliner
8 Uhr-Abendblatt,
31. März 1933*

Aus Berlin, 1. April. Um 10 Uhr ist der Potsdamer Platz vom Boykott so gut wie unberührt – dass alle Verkehrsmittel der Berliner Verkehrsgesellschaft schwarzweissrot und Hakenkreuz geflaggt haben, geschah wegen des Geburtstages Bismarcks, nicht wegen des Boykotts. Nur vor einem schwach besuchten Café stehen Nationalsozialisten. Aber schon am angrenzenden Leipziger Platz vor Wertheim drängen sich dichte Scharen um die Boykottposten, die vor den geöffneten Toren des Warenhauses auf und ab gehen. Die ganze Leipziger Strasse ist belebt wie bei einem Volksfest. Die Friedrichstrasse desgleichen. SA und Polizei fordern zum Weitergehen auf und sorgen dafür, dass sich die dichtesten Gruppen von Zeit zu Zeit zerstreuen. Das Bankenviertel wird vom Boykott nicht be-

*Frankfurter Zeitung,
2. April 1933*

troffen und ist ruhig wie immer.
Drei verschiedene Plakate kleben an den Schaufenstern der jüdischen Geschäfte. Ein grosses weisses mit deutschem und englischem offiziellen Boykottext, oder das grosse rote, das auch die Boykottposten umgehängt tragen, mit den Worten: »Wehrt euch, kauft nicht bei Juden!«, oder schliesslich ein ganz kleines gelbes mit einem schwarzen Punkt in der linken unteren Ecke und der Bemerkung, der Kauf beim Juden sei mit Lebensgefahr verbunden. Nicht gesehen haben wir jene vom Boykottausschuss gestern angekündigte Kennzeichnung der jüdischen Geschäfte durch ein schwarzes Plakat mit grossen gelben Punkten. Gruppen Schaulustiger umstehen SA-Posten, unterhalten sich mit ihnen und tun, was auch bei jüdischen Geschäften nicht verboten ist, sie betrachten die Auslagen. Gelegentlich werden Flugblätter verteilt. Viele, auch grosse Firmen haben geschlossen. An ihren Scheiben hängen nur die Plakate. Posten sind hier überflüssig. So ist es fast überall im Textilviertel, in den Nebenstrassen ist die Aktion gegen mittag noch nicht überall durchgeführt. Aktionsmitglieder gehen noch mit Listen von Haus zu Haus und stellen die zu boykottierenden Läden fest. Uneinheitlich war zum Beispiel der Boykott gegen die kleinen Kaffeestuben eines bekannten Unternehmens, gegen die er erst allmählich durchgeführt wird. Am Alexanderplatz, in der Königstrasse, am Rathaus und weiter hinauf zum Norden ist der Verkehr stellenweise kaum zu bewältigen. Soviel Volks ist hier unterwegs. In diesen Gegenden hat private Arbeit den offiziellen Boykottext ergänzt. »Juda verrecke«, und

Hakenkreuze sind an die grossen Scheiben der (geschlossenen) Hermann-Tietz-Filialen mit brauner Farbe auf die Scheiben aufgemalt. »Achtung, Lebensgefahr, Judas raus, Achtung Itzig, auf nach Palästina, Juden raus oder nach Jerusalem«. Gelegentlich auch »Tod den Judenhetzern«, ist zu lesen. Auf der anderen Seite haben manche Unternehmungen, deren Inhaber keine Juden sind, schwarz-weiss-rot umrandete Plakate mit der Aufschrift »Deutsches Geschäft« angebracht. Geschäfte, deren Inhaber zwar Juden aber keine deutschen Staatsbürger sind, zeigten Plakate »Oesterreichisches Geschäft« oder ähnliche. Die Karstadt-Unternehmungen sind vom Boykott nicht betroffen, vor diesen Häusern bemüht sich umgekehrt die SA und SS Ansammlungen zu zerstreuen. Am meisten geschlossene Geschäfte, Posten und Plakate zeigen Kurfürstendamm und Tauentzienstrasse. Hier kam es an verschiedenen Stellen vor 10 Uhr zu Auseinandersetzungen, weil sich Ladeninhaber dagegen verwahrten, ihr Geschäft als jüdisch bezeichnet zu sehen. Nur in den wenigsten Fällen gelang ihnen der Nachweis, keine jüdische Firma zu sein. Um 10 Uhr begann am Wittenbergplatz ein Propagandazug durch den Westen der Stadt, an dem sich besonders viele weibliche Angestellte beteiligten. In dieser Gegend waren auch an den Strassenbahnmasten Plakate wie »Tietz unterstützt Rotmord« aufgehängt. Die Häuser, in denen jüdische Aerzte praktizieren oder Rechtsanwälte ihre Kanzleien haben, erhielten Plakatträger mit der Aufforderung: »Achtung Juden, Besuch verboten.«

Ärztekammer für Berlin

Postscheckkonto: Berlin Nr. 18346

Geschäftsnummer: A. K. ....

Geboren wird, bei allen Antworten die vorstehende Geschäftsnummer anzugeben

Berlin W 35, im April 1933
Genthiner Straße 34
Fernruf: B 2 Lützow 7811

Sehr geehrter Herr Kollege!

Zwecks Vervollständigung unserer Personalbogen bitten wir höflichst um gefällige Beantwortung folgender Fragen und umgehende Rücksendung.

Mit kollegialer Hochachtung

Der Vorsitzende

Beckmann

1. Eigene Abstammung:

   a) Eltern deutschstämmig? ....

   b) Großeltern deutschstämmig? ....

2. Abstammung der Ehefrau bezw. des Ehegatten:

   a) Eltern deutschstämmig? ....

   b) Großeltern deutschstämmig? ....
   Nötigenfalls nähere Angaben zu 1) und 2):

....

....

3. Religionsgemeinschaft? ....

4. Kriegsteilnehmer? .... Heimat? Etappe? Front? (Zutreffendes unterstreichen)

5. Ordensauszeichnungen? ....

....

Stempel:

....
Unterschrift

Damit wurde nicht nur die Emanzipation der Juden rückgängig gemacht; es zeigte sich bald, daß die Rücknahme jeglicher Emanzipation begonnen hatte.

Vom 31. März bis zum 11. April, dem Datum der *Verordnung zur Durchführung des Gesetzes zur Wiederherstellung des Berufsbeamtentums*, wurden zuerst in Bayern und Preußen jüdische Richter zwangsweise beurlaubt, jüdische Schulärzte entlassen, Bewerber für die Anwaltskammern nur mehr zugelassen, wenn sie der »arischen Rasse zugehörten«. In Frankfurt mußten alle Personen »semitischer Abstammung« ihren Reisepaß zur Überprüfung abgeben. Der Kölner Oberbürgermeister verfaßte ein Rundschreiben, daß Juden nicht im öffentlichen Dienst der Stadt beschäftigt werden dürfen. Das Verbot betraf auch »die Beschäftigung getaufter Juden und Nichtjuden, welche mit Juden verheiratet waren.« In Berlin wurden sämtliche Berliner Bezirksämter angewiesen, alle »dem Blut nach jüdischen Lehrkräfte« an den städtischen Schulen sofort zu beurlauben. In Baden wurde die Neubesetzung von Hochschulassistentenstellen mit Angehörigen der »jüdischen Rasse« untersagt, laufende Verträge mit diesen Personen wurden nicht verlängert. Jüdische Lehrer und Angestellte in öffentlichen Erziehungsinstitutionen wurden mit sofortiger Wirkung beurlaubt. Das Reichsministerium für Finanzen entzog Juden die Zulassung als Steuerberater. Jüdische Ärzte an den Münchner Krankenhäusern durften nur noch jüdische Pa-

tienten behandeln. Eine Verordnung vom 22. April schloß »nichtari-
sche Ärzte« von der Tätigkeit der Krankenkassen aus; der Kreis, den
das Berufsbeamtengesetz noch ausklammerte, also vor allem Frontkämpfer und deren Väter und Kinder, wurde vorerst noch geschont.
Der Duisburger Ärzteverband hatte sich zwecks besserer organisatori-
scher Umsetzung dieser Verordnung einen Stempel anfertigen lassen:
»Nicht für jüdische Ärzte gültig«. Städtische und private Krankenver-
cherungen beschlossen eine nach der anderen im Einvernehmen mit
dem Hartmann-Bund (der ärztlichen Spitzenorganisation), daß Rech-
nungen jüdischer Ärzte nicht mehr erstattet wurden. Im Kreis der Ärzte und Juristen waren die Vorbereitungen auf die Ausschaltung der Juden besonders weit gediehen, hatte doch der *Nationalsozialistische Ärz-
tebund* und der *Bund Nationalsozialistischer Deutscher Juristen* schon
Ende der 20er Jahre erfolgreich Anhänger aus Kreisen des oberen Mittelstandes geworben.

Die praktische Wirkung des Berufsbeamtengesetzes war vor allem im
Bereich der Rechtspflege schon vorher erreicht worden. Die zentralen
Punkte waren bereits im Parteiprogramm der NSDAP von 1920 formu-
liert worden, antisemitische Boykotte hatte es vor allem in der Wirt-
schaftskrise 1929-1933 gegeben, nun wurden sie Politik der Regierung.
Das Gesetz betraf nur einen kleinen Teil der jüdischen Bevölkerung,
aber es hatte eine Signalwirkung, die von Berufsvereinigungen und in
Amtsstuben verstanden und zum Teil vorweggenommen wurde. Büro-
kraten und Funktionäre stellten ihre Erfahrungen, ihre Akten und ihren
Einfallsreichtum beim Aussortieren zur Verfügung.

Nicht nur Landesregierungen, öffentliche Verwaltungen und Gemeinden
bewiesen Gehorsam durch Übereifer, speziell der Mittelstand wollte sich
der nationalsozialistischen Politik würdig erweisen. Um nur zwei Beispiele
von vielen zu nennen: Am 22. April übertrug der *Deutsche Apotheker-
Verein* die Richtlinien des Beamtengesetzes auf seine Mitglieder und ließ
nur noch »deutsche Volksgenossen« im Sinne des Beamtengesetzes zu.
Der *Börsenverein der Deutschen Buchhändler* (der auch alle Verleger umfaßte) beschloß am 13. Mai (drei Tage nach der Bücherverbrennung), sich
»uneingeschränkt der nationalen Front anzuschließen«, und stellte zu-
sätzlich noch die Forderung, »den deutschen Büchermarkt von der Über-
wucherung durch fremdländisches Schrifttum zu befreien«.

Um die Aussonderung der Angestellten in der Privatwirtschaft kümmerten sich besonders der *Deutschnationale Handlungsgehilfenverband*
und die *Nationalsozialistische Betriebszellenorganisation*, die keine Rück-
sicht auf ehemalige Frontkämpfer nahmen. Im Juni 1933 hatten bereits
einige tausend jüdische Beamte und freiberuflich Tätige ihre Arbeitsmög-
lichkeiten verloren. Im Herbst 1933 wurde den städtischen Angestellten
und den Wohlfahrtsempfängern verboten, in jüdischen Geschäften zu
kaufen.

Ratsherr Körner: ... Die sommerliche Zeit bedingt natürlich auch einen vermehrten Badebetrieb. Wenn die Juden von sich aus irgendwo eine Institution aufsuchen oder Gelegenheit suchen, um sich entgegen ihren geschichtlichen Erfahrungen trotzdem mit Wasser vertraut zu machen (Heiterkeit) – dann schön. Aber ich halte es nicht für richtig, daß heute unsere öffentlichen Einrichtungen, die großen Freibäder oder meinetwegen die Badewiese in Gatow und dergleichen heute wieder zu Tummelplätzen dieser Juden gemacht werden, die nun bunt durcheinander mit unseren Deutschen dort liegen. Persönlich berührt mich dieser Anblick außerordentlich unangenehm. Ich sehe nämlich als Berliner Junge etwas sehr scharf in diesen Dingen und habe in kürzester Zeit jetzt beobachtet, daß sie sich auch sehr stark mit Arbeiterfamilien anfreunden, sich auf denselben Decken herumwälzen und auch sehr scharfe Blicke nach unseren Mädchen wieder werfen, außerdem auch natürlich politische Diskussionen und Gespräche zum Teil entstehen (das läßt sich sehr harmlos beim Picknick machen) und dergleichen. Ich möchte von mir aus die Anregung geben und den Antrag stellen, daß die Stadtverwaltung bei öffentlichen Einrichtungen – die privaten Badeanstalten sollen im Moment gleichgültig sein – erklärt: Der Zutritt von Juden ist unerwünscht!
Stadtmedizinalrat Dr. Conti: Zur Zeit ist es so, daß ein städtisches Hallenbad den Juden den Zutritt direkt verboten hat. In einem weiteren wird den Juden kein Zutritt gewährt. Die übergroße Mehrheit der städtischen Bäder, sowohl der Hallenbäder wie der Freibäder, haben Tafeln, daß das Baden von Juden unerwünscht sei. Einige, darunter auch Wannsee, ha-

ben den Juden keinerlei Beschränkungen dieser Art bisher auferlegt. Ich habe mich erkundigt, wieweit wohl Mißstände beobachtet worden sind und bekam von den Badeanstaltsleitern die Auskunft, daß Mißstände gar nicht beobachtet worden seien. Ich halte es aber für möglich, daß diese Beobachtungen nicht so scharf sind wie die Ihrigen. Es werden manche von diesen Leitern nicht den Blick dafür haben, wer wirklich Jude ist oder wer nicht Jude ist. Ich bin selber der Ansicht, daß wir diesen Zustand der Ausschaltung der Juden aus den Badeanstalten allmählich verschärfen sollten. Es durch irgendeine Anordnung von oben her zu tun, hielte ich für unzweckmäßig wegen der außenpolitischen Auswirkungen, die in keinem Verhältnis dazu stehen. Dagegen sollen die Badeanstalten den Text ihrer Schilder allmählich verschärfen und gleichzeitig eine schärfere Kontrolle ausüben; das wäre an sich erwünscht. Ich habe die Badeanstaltsbesitzer ermächtigt und ermahnt, auf Mißstände wie die Belästigung deutscher Mädchen ihr besonderes Augenmerk zu wenden und rücksichtslos zuzugreifen, ohne viel vom Juden zu sagen, dann den betreffenden Juden scharf zu packen und ihn einfach hinauszuwerfen. Das gleiche sollen sie tun, wenn die Badekleidung irgendwie nicht den Anforderungen genügen sollte. Sie sollen bei den Juden gerade diese Gelegenheit benutzen, aber die antijüdische Seite der Sache nicht allzusehr in den Vordergrund stellen. Verordnungsmäßig liegt es noch so, daß wir die Juden aus der Benutzung der Bäder nicht vollkommen ausschließen dürfen. Es gibt einen salomonischen Erlaß des Reichsinnenministeriums, der ungefähr sagt: Man darf ihnen die Benutzung der Bäder insgesamt nicht ganz

Aus dem Protokoll über eine Ratsherrensitzung in Berlin am 3. Juni 1937

verwehren, aber wo Beschränkungen mit dieser Einschränkung durchgeführt werden können, kann es geschehen. Wir wären also z.B. nach dem Erlaß in der Lage, alle Badeanstalten mit Verbotstafeln zu versehen bis auf eine, die wir ohne Verbotstafel belassen. Man kann dann, wenn ein Jude kommt und baden will, ihm sagen: Du kannst dahin gehen. Auf diesen Zustand als Endzustand möchte ich hinaus und dazu die Badeanstalt in der Dennewitzstraße ausersehen, weil der dortige Bezirk zwei Badeanstalten hat, und diese günstig nach Westen hin gelegen und außerdem sehr wenig schön ist. Dann möchte ich diese eine Badeanstalt ohne Schild belassen und bei den anderen allmählich zur Verschärfung der Untersagung kommen, ebenso wie bei den Freibädern. Ob es bei Wannsee ratsam ist? Wannsee wird sehr viel von Ausländern besucht. Wannsee ist also der kritische Punkt. Ich habe mich dieser Ansicht bisher nicht anschließen kön-

nen. Sollten die Klagen zunehmen, so berichtet der Bezirksbürgermeister. Natürlich achte ich darauf sehr. Oberbürgermeister und Stadtpräsident Dr. Lippert: In bezug auf die Hallenbadfrage dürfte die Auskunft des Herrn Stadtmedizinalrats für Sie befriedigend sein. Ich würde mich freuen, Parteigenosse Conti, wenn diese von Ihnen ins Auge gefaßten Maßnahmen beschleunigt durchgeführt würden. Zur Frage der Freibäder – Wannsee – möchte ich folgendes sagen. Wir haben im Jahre 1935 dort ein Schild angebracht: »Juden ist das Baden und der Zutritt verboten!« Auf Wunsch des Auswärtigen Amtes haben wir es wieder wegnehmen müssen, als die Vorbereitungen zur Olympiade rollten. Es stimmt durchaus, was der Herr Stadtmedizinalrat sagte: insofern ist das Strandbad Wannsee ein wunder Punkt. Ich habe mit dem damaligen Leiter des Strandbades Wannsee gesprochen...

Rundschreiben der Bayerischen Politischen Polizei, 1. September 1935

Es ist wiederholt berichtet worden, daß örtliche Stellen den jüdischen Sport durch Verbote und örtliche Auflagen unmöglich machten. Diese Behinderung erscheint im Hinblick auf die gegenwärtige Lage insbesondere bezüglich der dem Reichsausschuß angehörenden Vereine des Makkabi-Kreises und des R(eichsbundes)j(üdischer)F(rontsoldaten) unangebracht. Zur Sicherung der Durchführung der Olympiade 1936 wird bezüglich der Sportausübung der dem Reichsausschuß jüdischer Sportvereine angehörenden Sportkreise bestimmt: 1. Jüdischen Sportorganisationen soll die Betätigung auf eigenen Sportplätzen nicht behindert werden. Wo ermietete Hallen oder Plätze benutzt werden, ist im Einvernehmen mit den zuständigen Stellen eine Regelung dahin zu treffen,

daß die sportlichen Übungen und der Zu- und Abgang zu den Sportstätten ohne nähere Berührung mit den Nichtjuden reibungslos gesichert ist. 2. Der Austragung von Meisterschaften jüdischer Sportvereine untereinander sollen polizeilicherseits nach Möglichkeit Schwierigkeiten nicht bereitet werden, sofern sich diese Veranstaltungen in angemessenen Grenzen halten, Nichtjuden hierzu keinen Zutritt haben und Störungen der öffentlichen Ruhe und Sicherheit nicht zu erwarten sind. 3. Jüdischen Schwimmabteilungen ist nach Möglichkeit eine beschränkte Betätigung etwa derart zu geben, daß ihnen an bestimmten Tagen bzw. Abenden die Benutzung von Schwimmgelegenheiten unter der Bedingung freigestellt wird, daß sich die Juden getrennt von Nichtjuden unter sich befinden.

Der Sportplatz Grunewald gehörte
der Jüdischen Gemeinde, bis 1938
konnten hier noch Veranstaltungen
– natürlich auch streng segregiert –
stattfinden. Vom traditionellen
Herbstfest der höheren Schulen Berlins im Grunewaldstadion waren jüdische Schüler ausgeschlossen.
Während der Olympiade waren die
Verbote, öffentliche Sportplätze, Badeanstalten und andere Orte zu betreten, vorübergehend gelockert, im
Herbst 1937 wurde der Druck wieder
verstärkt.

Die Ausgrenzung galt – von den einen enger, von den anderen weiter
ausgelegt – nicht nur für das Berufsleben: In Köln wurde ebenfalls
schon im März 1933 jüdischen Sportlern die Benutzung der städtischen
Spiel- und Sportplätze verboten. Der *Deutsche Boxer-Verband* schloß am
4. April 1933 jüdische Boxer von der Beteiligung an Wettkämpfen aus
und ordnete die Aufhebung aller Verträge an, an denen jüdische Unternehmer beteiligt waren. Im Juli führten der *Schachbund*, der *Verband*

der Blinden und der *Verein der Gehörlosen* den Arierparagraphen ein. Im Mai wurden unter »Berücksichtigung der besonderen Aufgaben« des *Allgemeinen Deutschen Automobil-Clubs* (ADAC) das Bekenntnis zum arischen Prinzip beschlossen und sogleich die entsprechenden »Durchführungsbestimmungen« verabschiedet. Die *Deutsche Turnerschaft* (mit mehr als eineinhalb Millionen Mitgliedern) revidierte noch im Mai den Beschluß, Frontkämpfer, Väter oder Kinder von Gefallenen »in allen Ehren in der Turnerschaft« zu halten, und beschloß die Vollarisierung. Das Präsidium des *Tennisbundes* überließ es hingegen im Juni noch seinen Vereinen, »zu entscheiden, ob Angehörige alteingesessener, nicht-arischer Familien die Mitgliedschaft des Clubs behalten können«. Die Rassenlehre und mit ihr das Verbot der »Mischehe« waren im Sommer schon soweit akzeptiert, daß die SA »Judenliebchen« an den Pranger stellen konnte und »Juden, die sich an christlichen Mädchen in sittlicher Beziehung vergangen haben« in Konzentrationslager eingewiesen wurden. Die Zeitungen informierten die Öffentlichkeit über solche Mißhandlungen und Überfälle mit mehr oder weniger deutlicher Genugtuung, je nachdem, ob sie bereits »gesäubert« waren oder nicht.

Es waren also nicht irgendwelche »Banden« oder kriminelle Vereinigungen – wie mancher Gedenkstein am Ort früherer Synagogen heute suggeriert –, die jüdische Geschäfte und Einrichtungen schon vor der sogenannten »Reichskristallnacht« zerstörten. Die Reichskanzlei mußte – um das Ansehen des tausendjährigen Reichs und die »Ruhe in der Wirtschaft« besorgt – regulierend eingreifen, als sich die Überfälle über die geplanten Ausschreitungen hinaus verselbständigten.

Gegenüber den vorangegangenen Einzelaktionen bedeutete das *Gesetz zur Wiederherstellung des Berufsbeamtentums* – im nationalsozialistischen Sinn – insofern einen Rückschlag, als es ältere Beamte, Rechtsanwälte und Frontsoldaten noch ausklammerte. Es erwies sich, daß die Ausnahmeregelung einen unvermutet großen Teil der Juristen, Beamten, Mediziner und Ärzte betraf. Schon einen Monat später wurde – unter Berufung auf »öffentliche Empörung« – der Kreis der Verschonten eingeschränkt. Man war sehr genau und korrekt. Erst mit zunehmend perfekter Definition dessen, was »dem deutschen Wesen fremd«, was »staatsfeindlich« und »undeutsch« war, und erst nachdem die deutsche Bevölkerung und das Ausland eingestimmt waren, verzichteten die Nationalsozialisten auf Rücksichten, die das Feindbild komplizierten.

Man legte großen Wert auf die Legitimierung, die juristische Absicherung jeden Schritts. Tausende Juristen, Verwaltungsbeamte, Redakteure und Kassenwarte von Vereinen übten vorbeugenden Gehorsam. Den zu »Reinrassigen« aufgewerteten Deutschen fiel es in den Vereinen, den Büros und in der Schule erstaunlich leicht, den Kollegen Gerhard, die Frau Wolf oder den Drogisten von nebenan mit dem Klischee zu identifizieren.

Dieses Bild von Pisareks Sohn wurde vor 1933 aufgenommen und lagerte als Kinderbild in Archiven. Es wurde mehrfach als Beispiel für »arisches« Aussehen abgedruckt. Aus der Anfangszeit des Dritten Reichs, als jüdische Kinder noch die allgemeinen deutschen Schulen besuchen durften, finden sich immer wieder Erzählungen darüber, wie in der Schule ein Kind als Demonstrationsobjekt vorgeführt und anhand seiner Physiognomie die Merkmale der nordischen Rasse erklärt wurden und die Schüler sich nur mühsam das Kichern verkneifen konnten, weil der SA-Mann ein jüdisches Kind aufgerufen hatte. Ehrenwerte Professoren machten den Irrsinn mit, weil sie daran glaubten oder weil sie Opportunisten waren. Es muß schwer gewesen sein, angesichts eines Goebbels, Görings oder auch Hitlers an die Überlegenheit und Schönheit der arischen Rasse zu glauben.

Möglicherweise war der Landrat oder Vereinsvorsitzende, der die Gesetze mit Eifer in seinem Ort umsetzte, gar kein Judenhasser. Er war nur
anfällig für die Idee, daß es Leute gab, die für alle Übel seines Lebens ver-
antwortlich waren. Das Bedürfnis nach der eigenen Aufwertung, die
Sehnsucht nach Ordnung und klaren Grenzen mag genügt haben. Der
verbreitete Glaube an die Obrigkeit, Neid und die Hoffnung auf wirtschaftliche Vorteile oder die Ansicht, daß die Judenverfolgung nur eine
vorübergehende Ausartung des Nationalsozialismus sei, mag sich mit
der (berechtigten) Angst vor dem Druck auf die Ungehorsamen gemischt haben. Mit verschämtem Wegsehen wurde die Kluft zwischen
dem Abstraktum »Jude« und dem verfolgten Nachbarn überbrückt.

Die Aufhebung der Judenemanzipation zielte gegen jegliches Heraustreten aus der Ordnung, gegen alles Unwägbare, Individuelle, gefährlich Neue. Das Symbol »Jude« schloß un-artige Frauen, sozialdemokratische Arbeiter oder Vertreter einer modernen Kunst ein. An die Stelle einer vielfältigen gesellschaftlichen Realität trat ein »jüdisches« und ein »deutsches Wesen«. Das Feindbild nahm im Juden Gestalt an.

Da die jüdischen Unternehmer, Rechtsanwälte, Ärzte und die Angestellten im öffentlichen Dienst – von Lehrkräften über Schulärzte bis zu den Richtern –, die unmittelbar nach dem Sieg der Nationalsozialisten boykottiert und ausgeschaltet wurden, weder durch ihre Physiognomie erkennbar waren noch im Ghetto lebten, mußte von Monat zu Monat, Jahr zu Jahr genauer »definiert« werden, was ein Jude ist. Es war nur konsequent, daß schließlich mit den *Nürnberger Gesetzen* vom September 1935 genau bestimmt wurde, was als »arisch oder jüdisch, halb- und vierteljüdisch, jüdisch versippt oder reinrassig« zu gelten hatte.

Mit dem Gesetz zum Schutze des deutschen Blutes wurden die Juden als »Fremdblütige« aus dem »deutschen Volkskörper« ausgeschieden und die Eheschließung zwischen Juden und Nicht-Juden verboten; damit wurde jeder Kontakt zwischen Juden und Nicht-Juden gefährlich. Das *Reichsbürger-Gesetz* und immer neue Verordnungen machten die Juden zu weitgehend rechtlosen Bürgern.

»Rassehygienische
Untersuchungen«,
Feststellen der Haar- und
Augenfarbe, Berlin 1936

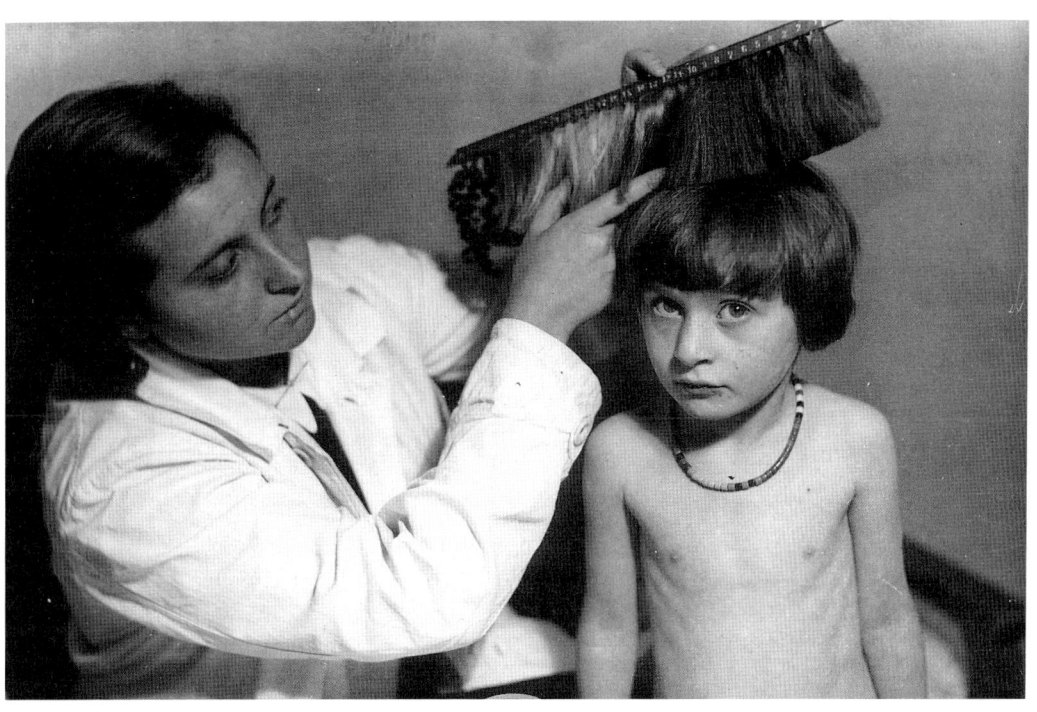

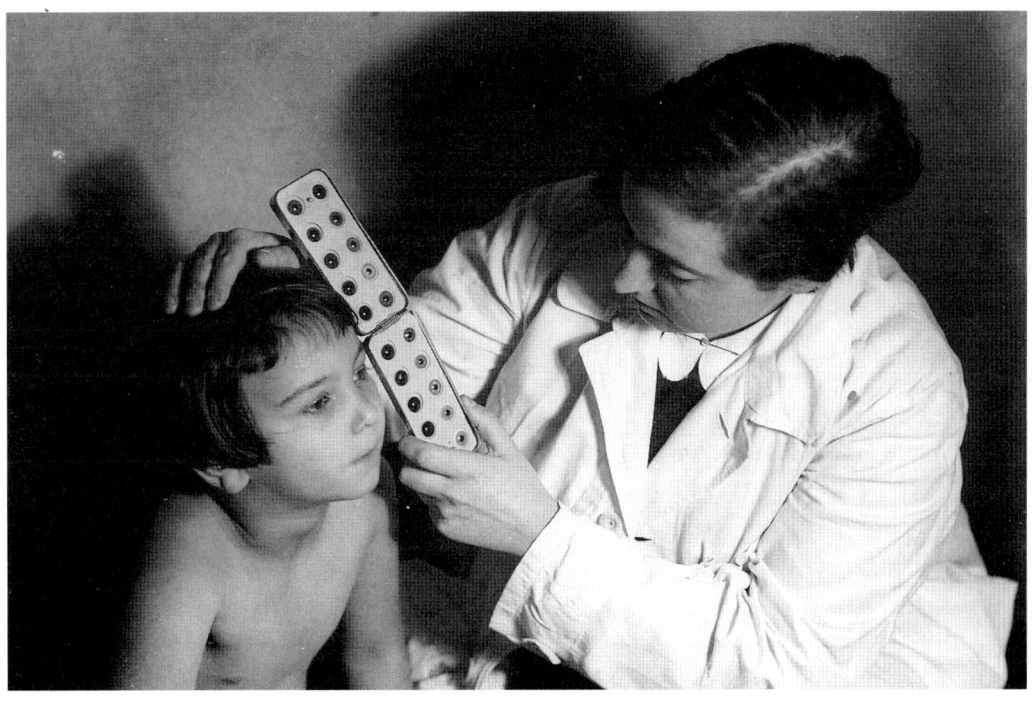

Uebersichtstafel
betreffend Ehehindernisse wegen jüdischen Bluteinschlags.

Gesetz zum Schutze des deutschen Blutes und der deutschen Ehre vom 15. September 1935 und seiner I. Ausführungsverordnung vom 14. November 1935 in Verbindung mit dem Reichsbürgergesetz vom 15. September 1935 und der I. Ausführungsverordnung v. 14. November 1935.

Gruppe I.

Nr.		Verhältnis		Ehe
1		$^0/_4 - {}^0/_4$	Deutschblütiger	Ehe erlaubt
2		$^0/_4 - {}^1/_4$	Jüd. Mischling 2. Grades	Ehe erlaubt
3		$^0/_4 - {}^2/_4$	Jüd. Mischling 1. Grades	Ehe nur mit Genehmigung des Reichsministers des Innern und des Stellvertreters des Führers erlaubt — § 3 d. I. V. zum Bl. Sch. G. Ehe verboten, wenn Mischling 1. Grades unter die Bestimmungen — 5 Abs. 2 d. I. V. z. RBG. fällt.
4	Deutschblütiger ($^0/_4$)	$^0/_1 - {}^3/_4$ oder $^4/_4$	Jude	Ehe verboten

Gruppe II.

Nr.		Verhältnis		Ehe
5		$^1/_4 - {}^0/_4$	Deutschblütiger	Ehe erlaubt
6		$^1/_4 - {}^1/_4$	Jüd. Mischling 2. Grades	Ehe soll nicht geschlossen werden
7		$^1/_4 - {}^2/_4$	Jüd. Mischling 1. Grades	wie zu Nr. 3
8	Jüd. Mischling 2. Grades	$^1/_4 - {}^3/_4$ oder $^4/_4$	Jude	Ehe verboten

Gruppe III.

Nr.		Verhältnis		Ehe
9		$^2/_4 - {}^0/_4$	Deutschblütiger	wie zu Nr. 3
10		$^2/_4 - {}^1/_4$	Jüd. Mischling 2. Grades	wie zu Nr. 3
11		$^2/_4 - {}^2/_4$	Jüd. Mischling 1. Grades	Ehe erlaubt
12	Jüd. Mischling 1. Grades	$^2/_4 - {}^3/_4$ oder $^4/_4$	Jude	Ehe erlaubt. Der jüdische Mischling 1. Grades wird Jude — § 5 Abs. 2 d. I. V. z. RBG.

Gruppe IV.

Nr.		Verhältnis		Ehe
13		$^3/_4$ oder $^4/_4 - {}^0/_4$	Deutschblütiger	Ehe verboten
14		$^3/_4$ oder $^4/_4 - {}^1/_4$	Jüd. Mischling 2. Grades	Ehe verboten
15		$^3/_4$ oder $^4/_4 - {}^2/_4$	Jüd. Mischling 1. Grades	Ehe erlaubt (wie zu Nr. 12)
16	$^3/_4$ Jude Volljude	$^3/_4$ oder $^4/_4 - {}^3/_4$ oder $^4/_4$	Jude	Ehe erlaubt

Erläuterung:

$^0/_4$ = Deutschblütiger.
$^1/_4$ = Jüd. Mischling 2. Grades (1 Großelternteil volljüdisch).
$^2/_4$ = Jüd. Mischling 1. Grades (2 Großelternteile volljüdisch). Gilt als Jude, wenn er sich zur jüdischen Religion bekennt.
$^3/_4$ = Jude (3 Großelternteile volljüdisch).
$^4/_4$ = Jude (4 Großelternteile volljüdisch).

Abkürzungen:

RBG. = Reichsbürgergesetz.
I. V. z. RBG. = I. Verordnung zum Reichsbürgergesetz.
Bl. Sch. G. = Blutschutzgesetz.
I. V. z. Bl. Sch. G. = I. Verordnung zum Blutschutzgesetz.

Die Bruchzahlen bedeuten nicht mehr die Blutsanteile, sondern lediglich, wieviel Teile von den 4 Großelternteilen voll jüdisch sind.

Viele scheuten trotzdem die Auswanderung, sei es, daß sie ihr Geschäft nicht im Stich lassen wollten, daß sie sich als gute deutsche Staatsbürger immer noch sicher wähnten oder daß sie vor den Mühen der Auswanderung zurückschreckten. Zu dem Zeitpunkt wurden Juden zwar von bestimmten Tätigkeiten ausgeschlossen, sie konnten aber, wenn auch mit zahlreichen Einschränkungen, im gewerblichen Bereich bzw. in jüdischen Praxen, Betrieben und Organisationen noch arbeiten. Auch dadurch fand eine Ghettoisierung innerhalb jüdischer Unternehmen statt.

Die eindeutige Feinddefinition war schwierig, wie die Schaubilder für Standesbeamte zeigen, die nun wissen sollten, wer wen, ohne »Rassenschande« zu begehen, heiraten durfte. Nach einem irrwitzigen Berechnungssystem, das sich einen wissenschaftlichen Anstrich gab, wurde festgelegt, wer zu welchem Prozentsatz »jüdisch« war.

Wie bedeutsam für die »Gefolgschaft« und das »Volk« eine eindeutige Sprache war, demonstriert der Erlaß des Reichsministers des Inneren vom 26. November 1935: »An die Stelle des Begriffs 'Nicht-Arier' tritt, wo von diesem die Rede ist, der Begriff 'Jude'. Die arische Abstammung wird durch den Begriff 'deutsches oder artverwandtes Blut' ersetzt.«

So rigide die Vorschriften für das »Fußvolk« ausfielen, die Parteiführung selbst folgte den Regeln der Opportunität. Es wurden nicht nur jüdische Vorfahren ihrer Kader gelegentlich unterschlagen, »nützliche« Fachleute wurden für die Zwecke der Nazis eingesetzt und im unvermeidlichen Kontakt »anständig« behandelt – wie zum Beispiel der Leiter des Gesamtarchivs der deutschen Juden (Jacob Jacobson), der im *Reichssippenamt* seine Arbeit fortführte. Nach dem Novemberpogrom hatte man ihm zuerst angeboten, daß er den Stern nicht zu tragen brauche, dann wurde ihm als unentbehrlichem Spezialisten für jüdische Familiengeschichte die Ausreise verweigert. »Erst« im Mai 1943 wurde er nach Theresienstadt deportiert.

Konnten vor Verabschiedung der »Nürnberger Gesetze« nur Leute verfolgt werden, die durch ihr Bekenntnis zum Judentum, durch ihre Namen und Gesichter oder die Denunziation von Bekannten identifiziert waren, so wurde nun der »Ariernachweis« obligatorisch. Ein bestimmter Personenkreis mußte seine »reinrassige Herkunft« in den folgenden Jahren bis ins Jahr 1800 beweisen.

In jedem Schulzeugnis, auf jedem Formular, bei jedem Amt wurde vermerkt, wer in welchem Grad »jüdisch«, »arisch« oder »artverwandt« war. In einem Erlaß vom 12. Dezember 1935 heißt es: »Werden an jüdischen höheren Schulen Reifeprüfungen abgehalten, so sind die Abgangszeugnisse ausdrücklich als Zeugnisse *jüdischer* höherer Schulen zu kennzeichnen.«

Anordnung des Stellvertreters des Führers, Reichsminister Rudolf Heß, über den Verkehr von Mitgliedern der NSDAP mit Juden vom 11. April 1935

Anordnung Nr. 63/35 (nicht zur Veröffentlichung)
Es widerstrebt mir im allgemeinen, Parteigenossen gegenüber mich über Selbstverständlichkeiten auszulassen. Trotzdem sehe ich mich veranlaßt, allen Parteigenossen nochmals den persönlichen Verkehr mit Juden zu verbieten.

Ich muß von jedem Parteigenossen erwarten können, daß er weltanschaulich genügend gefestigt ist, um die Grenze zwischen einem etwa dienstlich oder sonstwie nicht vermeidbaren und einem vermeidbaren persönlichen Verkehr mit Juden selbst finden zu können. Die Parteigenossenschaft hat es in erster Linie einzelnen würdelosen Parteigenossen zu verdanken, wenn viele Juden heute ihr altes Spiel der Zersetzung des deutschen Volkes wieder versuchen.

Wenn ich auch verstehen kann, daß sich alle anständigen Nationalsozialisten voller Empörung gegen diese neuen Versuche des Judentums auflehnen, so muß ich doch dringlichst davor warnen, dieser Empörung etwa durch Terroraktionen gegen einzelne Juden Luft zu machen, da diese praktisch nur das Ergebnis zeitigen können, die Parteigenossenschaft in einen vom Judentum begrüßten Gegensatz zur politischen, zum großen Teil aus Parteigenossen bestehenden Polizei unseres Staates zu bringen.

Die politische Polizei aber kann in solchen Fällen gar nicht anders, als nach der strengen Weisung des Führers alle Maßnahmen zur Aufrechterhaltung von Ruhe und Ordnung zu treffen, um damit dem Führer die Möglichkeit zu geben, die jüdische Greuel- und Boykottpropaganda im Auslande jederzeit Lügen strafen zu können.

Ich bitte alle Parteigenossen und Angehörigen der Gliederungen der Partei über diese Zusammenhänge, darüber hinaus aber auch über den Krebsschaden der Juden im Deutschen Staat immer wieder aufzuklären und ersuche im übrigen, gegen würdelose Parteigenossen und Parteigenossinnen, die trotzdem bewußt beim Juden einkaufen, mit ihnen persönlichen Verkehr pflegen oder gar als Angestellte durch Tragen von Parteiabzeichen Reklame für jüdische Geschäfte machen, Parteigerichtsverfahren mit dem Ziel des Ausschlusses aus der Partei, deren Mitgliedschaft sie bei böswilligem Verstoß gegen diese Anordnung durch ihr würdeloses Verhalten verwirkt haben, einzuleiten.

Ein entsprechendes Vorgehen erwarte ich aber auch gegen Parteigenossen, die durch Einzelaktionen gegen Juden die Parteidisziplin durchbrechen, unsere eigene Polizei in die Verlegenheit bringen, gegen Angehörige der Partei und ihrer Gliederungen vorgehen zu müssen und gewollt oder ungewollt durch ihr Verhalten die Geschäfte des uns feindlichen internationalen Judentums besorgen.

Reichsgesetzblatt, Teil I, ausgegeben zu Berlin, den 14. November 1935, Nr. 125

Erste Verordnung zum Reichsbürgergesetz

Auf Grund des § 3 des Reichsbürgergesetzes vom 15. September 1935 wird folgendes verordnet:

§ 1

(1) Bis zum Erlaß weiterer Vorschriften über den Reichsbürgerbrief gelten vorläufig als Reichsbürger die Staatsangehörigen deutschen oder artverwandten Blutes, die beim Inkrafttreten des Reichsbürgergesetzes das Reichstagswahlrecht besessen haben, oder denen der Reichsminister des Innern im Einvernehmen mit dem Stellvertreter des Führers das vorläufige Reichsbürgerrecht verleiht.

(2) Der Reichsminister des Innern kann im Einvernehmen mit dem

Stellvertreter des Führers das vorläufige Reichsbürgerrecht entziehen.

§ 2

(1) Die Vorschriften des § 1 gelten auch für die staatsangehörigen jüdischen Mischlinge.

(2) Jüdischer Mischling ist, wer von einem oder zwei der Rasse nach volljüdischen Großelternteilen abstammt, sofern er nicht nach § 5 Abs. 2 als Jude gilt. Als volljüdisch gilt ein Großelternteil ohne weiteres, wenn er der jüdischen Religionsgemeinschaft angehört hat.

§ 3

Nur der Reichsbürger kann als Träger der vollen politischen Rechte das Stimmrecht in politischen Angelegenheiten ausüben und ein öffentliches Amt bekleiden. Der Reichsminister des Innern oder die von ihm ermächtigte Stelle kann für die Übergangszeit Ausnahmen für die Zulassung zu öffentlichen Ämtern gestatten. Die Angelegenheiten der Religionsgesellschaften werden nicht berührt.

§ 4

(1) Ein Jude kann nicht Reichsbürger sein. Ihm steht ein Stimmrecht in politischen Angelegenheiten nicht zu; er kann ein öffentliches Amt nicht bekleiden.

(2) Jüdische Beamte treten mit Ablauf des 31.12.1935 in den Ruhestand. Haben diese Beamten im Weltkrieg an der Front für das Deutsche Reich oder für seine Verbündeten gekämpft, erhalten sie bis zur Erreichung der Altersgrenze als Ruhegehalt die vollen zuletzt bezogenen ruhegehaltsfähigen Dienstbezüge; sie steigen jedoch nicht in Dienstaltersstufen auf. Nach Erreichung der Altersgrenze wird ihr Ruhegehalt nach den letzten ruhegehaltsfähigen Dienstbezügen neu berechnet.

(3) Die Angelegenheiten der Religionsgesellschaften werden nicht berührt.

(4) Das Dienstverhältnis der Lehrer an öffentlichen jüdischen Schulen bleibt bis zur Neuregelung des jüdischen Schulwesens unberührt.

§ 5

(1) Jude ist, wer von mindestens drei der Rasse nach volljüdischen Großeltern abstammt. § 2 Abs. 2 Satz 2 finden Anwendung.

(2) Als Jude gilt auch der von zwei volljüdischen Großeltern abstammende staatsangehörige jüdische Mischling,

a) der beim Erlaß des Gesetzes der jüdischen Religionsgemeinschaft angehört hat oder danach in sie aufgenommen wird,

b) der beim Erlaß des Gesetzes mit einem Juden verheiratet war oder sich danach mit einem solchen verheiratet,

c) der aus einer Ehe mit einem Juden im Sinne des Absatzes 1 stammt, die nach dem Inkrafttreten des Gesetzes zum Schutze des deutschen Blutes und der deutschen Ehre vom 15. September 1935 geschlossen ist,

d) der aus dem außerehelichen Verkehr mit einem Juden im Sinne des Absatzes 1 stammt und nach dem 31. Juli 1936 außerehelich geboren wird.

§ 6

(1) Soweit in Reichsgesetzen oder in Anordnungen der Nationalsozialistischen Deutschen Arbeiterpartei und ihrer Gliederungen Anforderungen an die Reinheit des Blutes gestellt werden, die über § 5 hinausgehen, bleiben sie unberührt.

(2) Sonstige Anforderungen an die Reinheit des Blutes, die über § 5 hinausgehen, dürfen nur mit Zustimmung des Reichsministers des Innern und des Stellvertreters des Führers ge-

stellt werden. Soweit Anforderungen dieser Art bereits bestehen, fallen sie am 1. Januar 1936 weg, wenn sie nicht von dem Reichsminister des Innern im Einvernehmen mit dem Stellvertreter des Führers zugelassen werden. Der Antrag auf Zulassung ist bei dem Reichsminister des Innern zu stellen.

§ 7

Der Führer und Reichskanzler kann Befreiungen von den Vorschriften der Ausführungsverordnungen erteilen.

Erste Verordnung zur Ausführung des Gesetzes zum Schutze des deutschen Blutes und der deutschen Ehre

Auf Grund des § 6 des Gesetzes zum Schutze des deutschen Blutes und der deutschen Ehre vom 15. September 1935 wird folgendes verordnet:

§ 1

(1) Staatsangehörige sind die deutschen Staatsangehörigen im Sinne des Reichsbürgergesetzes.
(2) Wer jüdischer Mischling ist, bestimmt § 2 Abs. 2 der Ersten Verordnung vom 14. November 1935 zum Reichsbürgergesetz.
(3) Wer Jude ist, bestimmt § 5 der gleichen Verordnung.

§ 2

Zu den nach § 1 des Gesetzes verbotenen Eheschließungen gehören auch die Eheschließungen zwischen Juden und staatsangehörigen jüdischen Mischlingen, die nur einen volljüdischen Großelternteil haben.

§ 3

(1) Staatsangehörige jüdische Mischlinge mit zwei volljüdischen Großeltern bedürfen zur Eheschließung mit Staatsangehörigen deutschen oder artverwandten Blutes oder mit staatsangehörigen jüdischen Mischlingen, die nur einen volljüdischen Großelternteil haben, der Genehmigung des Reichsministers des Innern und des Stellvertreters des Führers oder der von ihnen bestimmten Stelle.
(2) Bei der Entscheidung sind insbesondere zu berücksichtigen die körperlichen, seelischen und charakterlichen Eigenschaften des Antragstellers, die Dauer der Ansässigkeit seiner Familie in Deutschland, seine oder seines Vaters Teilnahme am Weltkrieg und seine sonstige Familiengeschichte.
(3) Der Antrag auf Genehmigung ist bei der höheren Verwaltungsbehörde zu stellen, in deren Bezirk der Antragsteller seinen Wohnsitz oder gewöhnlichen Aufenthalt hat.
(4) Das Verfahren regelt der Reichsminister des Innern im Einvernehmen mit dem Stellvertreter des Führers.

§ 4

Eine Ehe soll nicht geschlossen werden zwischen staatsangehörigen jüdischen Mischlingen, die nur einen volljüdischen Großelternteil haben.

§ 5

Die Ehehindernisse wegen jüdischen Bluteinschlages sind durch § 1 des Gesetzes und durch §§ 2 bis 4 dieser Verordnung erschöpfend geregelt.

§ 6

Eine Ehe soll ferner nicht geschlossen werden, wenn aus ihr eine die Reinerhaltung des deutschen Blutes gefährdende Nachkommenschaft zu erwarten ist.

§ 7

Vor der Eheschließung hat jeder Verlobte durch das Ehetauglichkeitszeugnis nachzuweisen, daß kein Ehehindernis im Sinne des § 6 dieser Verordnung vorliegt. Wird das Ehetauglichkeitszeugnis versagt, so ist nur die Dienstaufsichtsbeschwerde zulässig.

§ 8

(1) Die Richtigkeit einer entgegen dem § 1 des Gesetzes oder dem § 2 dieser Verordnung geschlossenen Ehe kann nur im Wege der Richtigkeitsklage geltend gemacht werden.
(2) Für Ehen, die entgegen den §§ 3, 4 und 6 geschlossen worden sind, treten die Folgen des § 1 und des § 5 Abs. 1 des Gesetzes nicht ein.

§ 9

Besitzt einer der Verlobten eine fremde Staatsangehörigkeit, so ist vor einer Versagung des Aufgebotes wegen eines der im § 1 des Gesetzes oder in den §§ 2 bis 4 dieser Verordnung genannten Ehehindernisse sowie einer Versagung des Ehetauglichkeitszeugnisses in Fällen des § 6 die Entscheidung des Reichsministers des Innern einzuholen.

§ 10

Eine Ehe, die vor einer deutschen Konsularbehörde geschlossen ist, gilt als im Inlande geschlossen.

§ 11

Außerehelicher Verkehr im Sinne des § 2 des Gesetzes ist nur der Geschlechtsverkehr. Strafbar nach § 5 Abs. 2 des Gesetzes ist auch der außereheliche Verkehr zwischen Juden und staatsangehörigen jüdischen Mischlingen, die nur einen volljüdischen Großelternteil haben.

§ 12

(1) Ein Haushalt ist jüdisch (§ 3 des Gesetzes), wenn ein jüdischer Mann Haushaltsvorstand ist oder der Hausgemeinschaft angehört.
(2) Im Haushalt beschäftigt ist, wer im Rahmen eines Arbeitsverhältnisses in die Hausgemeinschaft aufgenommen ist, oder wer mit alltäglichen Haushaltsarbeiten oder anderen alltäglichen, mit dem Haushalt in Verbindung stehenden Arbeiten beschäftigt ist.
(3) Weibliche Staatsangehörige deutschen oder artverwandten Blutes, die beim Erlaß des Gesetzes in einem jüdischen Haushalt beschäftigt waren, können in diesem Haushalt in ihrem bisherigen Arbeitsverhältnis bleiben, wenn sie bis zum 31. Dezember 1935 das 35. Lebensjahr vollendet haben.
(4) Fremde Staatsangehörige, die weder ihren Wohnsitz noch ihren dauernden Aufenthalt im Inlande haben, fallen nicht unter diese Vorschrift.

§ 13

Wer dem Verbot des § 3 des Gesetzes in Verbindung mit § 12 dieser Verordnung zuwiderhandelt, ist nach § 5 Abs. 3 des Gesetzes strafbar, auch wenn er nicht Jude ist.

§ 14

Für Verbrechen gegen § 5 Abs. 1 und 2 des Gesetzes ist im ersten Rechtszuge die große Strafkammer zuständig.

§ 15

Soweit die Vorschriften des Gesetzes und seiner Ausführungsverordnungen sich auf deutsche Staatsangehörige beziehen, sind sie auch auf Staatenlose anzuwenden, die ihren Wohnsitz oder gewöhnlichen Aufenthalt im Inlande haben. Staatenlose, die ihren Wohnsitz oder gewöhnlichen Aufenthalt im Auslande haben, fallen nur dann unter diese Vorschriften, wenn sie früher die deutsche Staatsangehörigkeit besessen haben.

§ 16

(1) Der Führer und Reichskanzler kann Befreiungen von den Vorschrif-

ten des Gesetzes und der Ausführungsverordnungen erteilen.

(2) Die Strafverfolgung eines fremden Staatsangehörigen bedarf der Zustimmung der Reichsminister der Justiz und des Innern.

§ 17

Die Verordnung tritt an dem auf die Verkündung folgenden Tage in Kraft. Den Zeitpunkt des Inkrafttretens des § 7 bestimmt der Reichsminister des Innern; bis zu diesem Zeitpunkt ist ein Ehetauglichkeitszeugnis nur in Zweifelsfällen vorzulegen.

Berlin, den 14. November 1935.

Der Führer und Reichskanzler
Adolf Hitler

Der Reichsminister des Innern
Frick

Der Stellvertreter des Führers
R. Heß

Reichsminister ohne Geschäftsbereich
Der Reichsminister der Justiz
Dr. Gürtner

Selbstbehauptung
und
Kontrolle

In den Bemühungen um die Organisierung »der« Juden, bei der Selbsthilfe und im kulturellen Leben wird das tödliche Wechselspiel zwischen
Selbstbehauptung, Zwang und Vereinheitlichung sichtbar.

Bis Herbst 1933 gab es keine Gesamtvertretung der jüdischen Organisationen, die für alle Juden sprechen konnte. Sie wurde erst als Reaktion
auf die Verfolgungen gegründet. Es waren die typisch deutschen Schwierigkeiten, die bisher einen solchen Zusammenschluß verhindert hatten,
vor allem die Widersprüche zwischen dem preußischen Landesverband
und den übrigen Gruppen des Reichs. Die Machtkämpfe zwischen der
zahlenmäßig größten Berliner Jüdischen Gemeinde und den süddeut-
schen Verbänden spiegelten das Problem des deutschen Partikularis-
mus, der unterschiedlichen Geschichte und Strukturen wider. Nach
langwierigen Verhandlungen wurde am 17. September 1933 die *Reichsvertretung deutscher Juden* gegründet. Der Berliner Rabbiner Leo Baeck
wurde als überragende Persönlichkeit von allen Gruppierungen als ihr

Reichsvertretung

Der Berliner Rabbiner Leo Baeck bei einem Vortrag im »Jüdischen Lehrhaus Berlin« zur Einführung in die Vortragsreihe »Tradition und Leben« im Oktober 1934. Baeck wurde von allen jüdischen Gruppen als geistige Führungspersönlichkeit anerkannt. Baeck war seit 1912 Rabbiner in Berlin und lehrte an der Hochschule für die Wissenschaft des Judentums. Er wurde 1933 Präsident der Reichsvertretung deutscher Juden – seit den Nürnberger Gesetzen in Reichsvertretung der Juden in Deutschland umbenannt – und leitete formal auch die 1939 eingesetzte Reichsvereinigung der Juden in Deutschland, die direkt der Aufsicht der Gestapo unterstand. Im Januar 1943 wurde er nach Theresienstadt deportiert, überlebte das Lager und starb 1956 in London.

Monatsblätter des Kulturbundes Deutscher Juden

Leo Baeck hatte im Januar 1934 formuliert, was der Kulturbund in den kommenden Jahren zu seiner Aufgabe machen wollte:
»Wenn einer Gemeinschaft von Menschen ihr Eigentümliches, Besonderes zum Bewußtsein kommt, dann gewinnt sie ihre Kultur, und sie beginnt damit als Gemeinschaft, im geistig-geschichtlichen Sinne, zu leben; sie erfährt, wofür sie da sein soll. In ihrer Kultur hat sie so ihre Lebenskraft und ihr Lebensrecht. Wir deutschen Juden werden schwere entscheidende Zeiten bestehen, wenn wir es begreifen und erfassen, was unser Eigenes und Inneres, welches unsere Kultur ist.«

Präsident anerkannt. Neben den Jüdischen Gemeinden und Landesver-
bänden hatten auch die großen Vereinigungen – vom liberalen *Centralverein* über die *Zionistische Vereinigung* bis zum konservativen
Reichsbund jüdischer Frontsoldaten und dem *Jüdischen Frauenbund* –
ihre Vertreter entsandt. Der *Centralverein*, die bisher größte Organisation, beharrte weiterhin auf dem Deutschtum der Juden; die zionistischen Organisationen, die schon vor 1933 die Auswanderung nach Palästina gefördert hatte, bekamen starken Zulauf, tausende neuer Mitglieder traten der zionistischen Pionierorganisation *Hechaluz* bei, um sich
auf die Auswanderung vorzubereiten. Der *Reichsbund jüdischer Frontsoldaten*grenzte sich von den Ostjuden ab und betonte – auch gegenüber den neuen Machthabern – seine deutsche Gesinnung. Aber es
kam doch zu einer gewissen Annäherung.

Die *Reichsvertretung* vertrat die Juden gegenüber der NS-Regierung;
die in ihr zusammengeschlossenen Gruppen stellten – trotz weiter be-
stehender Differenzen – ein imponierendes Werk der Selbsthilfe auf die
Beine. Schon im Umgang der Nazis mit der *Reichsvertretung* wird sichtbar, welche Bedeutung die sprachliche Abgrenzung hatte, wie die Absonderung von der Benennung bis zur Vernichtung voranschritt.

Nach Verabschiedung der *Nürnberger Gesetze* durfte sie nicht mehr die
»deutschen Juden« vertreten, sie mußte in *Reichsvertretung der Juden
in Deutschland* umbenannt werden. Nach den Pogromen im November
1938 wurde sie zwangsweise umorganisiert. Aus der *Reichsvertretung*
wurde im Februar 1939 die *Reichsvereinigung der Juden in Deutschland*. Die Juden galten nicht mehr als Glaubensgemeinschaft, sie wurden gemäß den *Nürnberger Gesetzen* als »Rassejuden« zusammenge-
faßt. Jeder, der unter die Ariergesetzgebung fiel, mußte der *Reichsvereinigung* angehören. Der Vorstand der *Reichsvertretung* wurde gezwungen, im Amt zu bleiben, er wurde zum Befehlsempfänger der Nazis; die
Organisation wurde direkt dem Reichsministerium des Inneren unterstellt. Als *10. Verordnung zum Reichsbürgergesetz* wurde am 4. Juli
1939 als ihr Zweck bestimmt: die Auswanderung zu fördern, das – seit
Ausschluß der Schüler aus öffentlichen Schulen – jüdische Schulwesen
und die jüdische Wohlfahrtspflege zu betreuen. Die Verlautbarungen
der antijüdischen Maßnahmen – vom Verbot, Privatunterricht an jüdische Kinder zu erteilen, über den Ausschluß von Zeitungs- und Bücher-
bezug bis zur Regelung von Friseurbesuchen und Einkaufszeiten – ge-
schahen im Namen der Reichsvereinigung.

Um die Hilfe für Auswanderer kümmerten sich das Palästina-Amt, der Hilfsverein deutscher Juden und die Jüdische Wanderfürsorge. Berichte über Einwanderungsmöglichkeiten in den verschiedenen Ländern, Informationen zur Beschaffung von Visen, über Transportmittel und finanzielle Beihilfen waren zentrale Themen der jüdischen Publikationen. Bis 1938 wurde die Auswanderung von den Nazis gefördert, sie erreichte nach dem Novemberpogrom bis zum Kriegsbeginn am 1. September 1939 ihren Höhepunkt. Das Reich nahm 1933-1940 von den jüdischen Emigranten etwa 900 Millionen Reichsmark an Fluchtsteuer ein.

Der Vorstand versuchte, die unvereinbaren Aufgaben zu verbinden: also gleichzeitig die Interessen der jüdischen Gemeinschaft gegenüber der Gestapo zu vertreten und die Befehle der Gestapo bekanntzugeben und mit eigenen Beamten auszuführen. Schließlich wurde der oberste Verwaltungskörper der jüdischen Autonomie von den Nazis noch zu Hilfsdiensten bei der Abwicklung der Deportationen herangezogen. Die Angestellten der *Reichsvereinigung* mußten aus ihnen übergebenem Material nach Berufen und Altersgruppen geordnete Listen anfertigen, die Leute benachrichtigen, die auf den Listen standen, und sie sorgte für Ordner und für die Verpflegung während des Transports. Versuche des Widerstands wurden mit Verhaftung, Konzentrationslager und Tod geahndet. Nachdem die *Reichsvereinigung* diese Aufgaben »gelöst« hatte, wurden am 10. Juni 1943 ihre letzten Mitglieder abtransportiert. Für die wenigen, die noch lebten, wurde eine Überwachungsstelle im Jüdischen Krankenhaus Berlin eingerichtet.

*Auf Grund des § 3 des Reichsbürger-
gesetzes vom 15. September 1935
wird folgendes verordnet:*

*Artikel I
Reichsvereinigung der Juden
§ 1*
*(1) Die Juden werden in einer Reichs-
vereinigung zusammengeschlossen.
(2) Die Reichsvereinigung ist ein
rechtsfähiger Verein. Sie führt den
Namen »Reichsvereinigung der Juden
in Deutschland« und hat ihren Sitz
in Berlin.
(3) Die Reichsvereinigung bedient
sich als örtlicher Zweigstellen der jüdischen Kultusvereinigungen.*

§ 2
*(1) Die Reichsvereinigung hat den
Zweck, die Auswanderung der Juden
zu fördern.*

*(2) Die Reichsvereinigung ist außer-
dem
1. Träger des jüdischen Schulwesens
2. Träger der freien jüdischen Wohlfahrtspflege.
(3) Der Reichsminister des Innern
kann der Reichsvereinigung weitere
Aufgaben übertragen.*

§ 3
*(1) Der Reichsvereinigung gehören al-
le staatsangehörigen und staatenlosen
Juden an, die ihren Wohnsitz oder
gewöhnlichen Aufenthalt im Reichsgebiet haben.
(2) Im Falle einer Mischehe ist der jüdische Teil nur Mitglied,
a) wenn der Mann der jüdische Teil
ist und Abkömmlinge aus der Ehe
nicht vorhanden sind oder
b) wenn die Abkömmlinge als Juden
gelten.*

*Reichsgesetzblatt, Teil I,
6. Juli 1939
Zehnte Verordnung zum
Reichsbürgergesetz vom
4. Juli 1939*

(3) Juden fremder Staatsangehörigkeit und den in einer Mischehe lebenden Juden, die nicht bereits nach Abs. 2 Mitglieder sind, ist der Beitritt zur Reichsvereinigung freigestellt.

§ 4

Die Reichsvereinigung untersteht der Aufsicht des Reichsministers des In-nern; ihre Satzung bedarf seiner Genehmigung.

§ 5

(1) Der Reichsminister des Innern kann jüdische Vereine, Organisationen und Stiftungen auflösen oder ihre Eingliederung in die Reichsvereinigung anordnen.

(2) Im Falle der Auflösung gelten für die Liquidation die Vorschriften des bürgerlichen Rechts. Der Reichsminister des Innern kann jedoch Liquidatoren bestellen und abberufen und die Art der Liquidation abweichend von den Bestimmungen des bürgerlichen Rechts regeln. Nach Durchführung der Liquidation ist das Vermögen der aufgelösten jüdischen Einrichtungen auf die Reichsvereinigung zu übertragen.
(3) Im Falle der Eingliederung fällt das Vermögen der betroffenen jüdischen Einrichtungen an die Reichsvereinigung. Eine Liquidation findet in diesen Fällen nicht statt. Für die Verbindlichkeiten der eingegliederten Einrichtungen haftet die Reichsvereinigung mit ihrem gesamten Vermögen.
(4) Der Reichsminister des Innern kann Satzungsbestimmungen und Beschlüsse der jüdischen Vereine, Organisationen und Stiftungen aufheben und ändern, wenn sie über die Verwendung des Vermögens von diesen Vorschriften abweichende Bestimmungen getroffen haben. Juden, die auf Grund der nachträglich aufgehobenen Satzungsbestimmungen oder Beschlüsse etwas erlangt haben, sind der Reichsvereinigung zur Herausgabe nach den Grundsätzen der ungerechtfertigten Bereicherung verpflichtet.

Artikel II
Jüdisches Schulwesen
§ 6
(1) Die Reichsvereinigung der Juden ist verpflichtet, für die Beschulung der Juden zu sorgen.
(2) Zu diesem Zwecke hat die Reichsvereinigung die notwendige Zahl von Volksschulen zu errichten und zu unterhalten. Sie kann außerdem Mittel- und höhere Schulen sowie Berufs- und

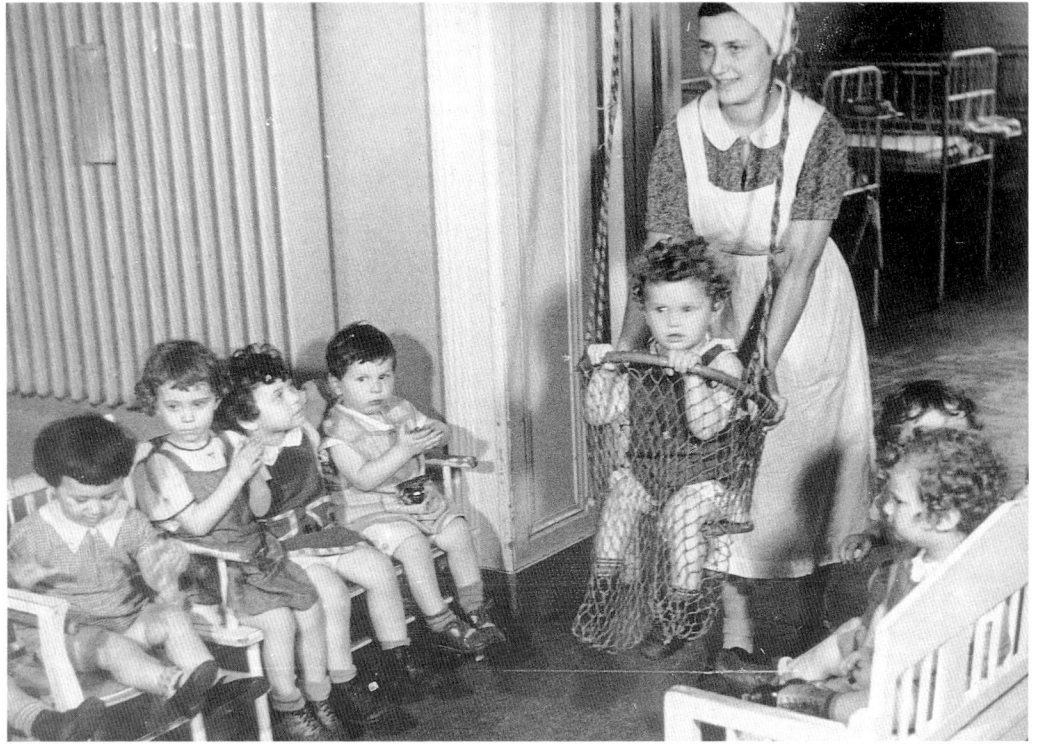

Fachschulen und sonstige Schulen
oder Unterrichtskurse unterhalten,
die der Auswanderung der Juden för-
derlich sind.
(3) Die Reichsvereinigung hat für die
Ausbildung und Fortbildung der Lehrer der von ihr unterhaltenen Schulen zu sorgen.
(4) Die von der Reichsvereinigung
unterhaltenen Schulen sind Privat-
schulen.

§ 7

Juden dürfen nur Schulen besuchen,
die von der Reichsvereinigung unterhalten werden. Sie sind nach Maßgabe der allgemeinen Vorschriften über
die Schulpflicht zum Besuch dieser
Schulen verpflichtet.

§ 8

(1) Die bestehenden öffentlichen und
privaten jüdischen Schulen, Einrichtungen der jüdischen Lehrerbildung
und sonstigen jüdischen Erziehungs-
einrichtungen werden aufgelöst, wenn
die Reichsvereinigung sie bis zu einem von dem Reichsminister für
Wissenschaft, Erziehung und Volksbildung im Einvernehmen mit dem
Reichsminister des Innern zu bestim-
menden Termin nicht übernimmt.
(2) Vermögen von Juden, das für den
Betrieb der jüdischen Schuleinrichtun-
gen benutzt worden ist, ist der
Reichsvereinigung auf Anforderung
gegen angemessene Entschädigung zu
überlassen. Über die Berechtigung der
Anforderung solchen Vermögens für
den Betrieb der jüdischen Schulein-

richtungen und über die Höhe der
Entschädigung entscheidet in Zweifelsfällen die Schulaufsichtsbehörde
unter Ausschluß des Rechtswegs.

§ 9

Die im Beamtenverhältnis stehenden
Lehrkräfte der jüdischen Schulen treten mit dem Ablauf des 30. Juni
1939 in den Ruhestand. Sie sind verpflichtet, eine ihnen von der Reichsvereinigung der Juden angebotene Beschäftigung an einer jüdischen Schule
anzunehmen. Andernfalls verlieren
sie den Anspruch auf Ruhegehalt.

§ 10

Die Vorschriften des Reichs- und Lan-
desrechts über die Beschulung von Juden, insbesondere über die Zulassung

von Juden zum Schulbesuch, über die
Errichtung und Unterhaltung öffentli-
cher jüdischer Schulen sowie über die
Bereitstellung öffentlicher Mittel für
Zwecke des jüdischen Religionsunter-
richts, treten außer Kraft.

§ 11

Das jüdische Schulwesen untersteht der
Aufsicht des Reichsministers für Wissenschaft, Erziehung und Volksbildung.

Artikel III:
Jüdische Wohlfahrtspflege
§ 12

Die Reichsvereinigung hat als Träger
der jüdischen freien Wohlfahrtspflege
(§ 35 Abs. 1 Satz 1 der Reichsgrund-
sätze über Voraussetzung, Art und
Maß der öffentlichen Fürsorge vom

1. August 1931, in der Fassung der
Verordnung über die öffentliche Fürsorge für Juden vom 19. November
1938) nach Maßgabe ihrer Mittel
hilfsbedürftige Juden so ausreichend
zu unterstützen, daß die öffentliche
Fürsorge nicht einzutreten braucht.
Sie hat Vorsorge zu treffen, daß für
anstaltspflegebedürftige Juden aus-
schließlich für sie bestimmte Anstalten zur Verfügung stehen.

Artikel IV: Schlußbestimmungen
§ 13
Eine Entschädigung für Nachteile, die
durch die Durchführung dieser Verordnung entstehen, wird nicht gewährt.

§ 14
(1) Der Reichsminister des Innern erläßt die zur Durchführung der Verordnung erforderlichen Vorschriften.
(2) Soweit das jüdische Schulwesen betroffen wird, werden die Vorschriften
von dem Reichsminister für Wissen-

schaft, Erziehung und Volksbildung
im Einvernehmen mit dem Reichsminister des Innern erlassen. Das
gleiche gilt für Maßnahmen auf
Grund des § 5, wenn die betroffene
jüdische Einrichtung zum Geschäftsbereich des Reichsministers für Wissenschaft, Erziehung und Volksbildung gehört.

§ 15
Die Inkraftsetzung dieser Verordnung
für die Ostmark bleibt vorbehalten.

Berlin, den 4. Juli 1939
Der Reichsminister des Innern
Frick
Der Stellvertreter des Führers
R. Heß
Der Reichsminister für Wissenschaft,
Erziehung und Volksbildung
Rust
Der Reichsminister für die kirchli-
chen Angelegenheiten
Kerrl

Selbsthilfe
und
Verarmung

Die Lieblingskarikatur der NS-Propaganda war der »reiche Jude.« In Wirklichkeit entstand durch die Verarmung eine rapide Angleichung der Juden aus unterschiedlichen Schichten und Berufen.

Die erste gesamtjüdische Organisation war der *Zentralausschuß für Hilfe und Aufbau.* Schon im April 1933, also noch vor der Gründung der Reichsvertretung, hatten sich verschiedene Organisationen zusammengetan, um den ersten Opfern der antijüdischen Maßnahmen gemeinsam zu helfen. Tausende, die über Nacht brotlos geworden waren, wandten sich an die Jüdischen Gemeinden. Im Juni 1933 hatte die Arbeitslosigkeit schon erschreckend zugenommen; die Ausschaltung jüdischer Beamter und freiberuflich Tätiger und weitere Einschränkungen der Berufsausübung machten immer mehr Menschen zu Bittstellern, sofern sie nicht auswanderten. Später kamen die Zwangsverkäufe jüdischer Betriebe zu Spottpreisen hinzu. Allerdings wurden bei den »Arisierungen« immer wieder Ausnahmen gemacht, wo ideologische und wirtschaftliche Interessen der NS-Führung einander widersprachen, z.B. wenn finanzielle Einbußen, Auftragsverluste für die deutsche Wirtschaft oder Arbeitsplätze auf dem Spiel standen. Das bekannteste Beispiel ist der Hermann Tietz-Konzern, der zur Sicherung von 14 000 Arbeitsplätzen noch im Juli 1933 ein Reichsdarlehen von 14,5 Millionen Reichsmark erhielt.

Zur Vernichtung ihrer wirtschaftlichen Existenz kam der Ausschluß der Juden aus der deutschen Fürsorge. Auch in der jüdischen Bevölkerung war die Zahl derer, die durch die Wirtschaftskrise der 20er Jahre auf Wohlfahrtshilfe angewiesen waren, groß. Viele von ihnen verloren nach und nach ihre Zuschüsse, Renten, Unterstützungen. Mit der Machtübernahme hatten die Nazis die freie Wohlfahrtspflege »umstrukturiert«. Die *Arbeiterwohlfahrt* und die *Paritätische Wohlfahrtshilfe* wurden aufgelöst, die restlichen Verbände in einer *Arbeitsgemeinschaft der freien Wohlfahrtspflege* zusammengeschlossen und dem *Amt für Volkswohlfahrt* der NSDAP unterstellt. Das *Winterhilfswerk*, das im Winter 1931/32 von verschiedenen Wohlfahrtseinrichtungen, unter ihnen auch die *Zentralwohlfahrtsstelle der deutschen Juden*, gegründet worden war, wurde der Rechtsaufsicht des Reichsministers für Volksaufklärung und Propaganda unterstellt.

Weil Boykotte, Plünderungen und Kontrollen in der Provinz meist grausamer und »effizienter« durchgeführt wurden, übersiedelten viele in die größeren Städte, vor allem nach Berlin, wo sie nicht jeder kannte, die Bewegungsfreiheit noch größer war und sie bei der größten Jüdischen Gemeinde Deutschlands Schutz fanden. Die Büroräume der Berli-

ner Gemeinde wurden von tausenden ratlosen und verzweifelten Menschen überlaufen. Das Gebäude in der Oranienburger Straße 31, unmittelbar neben der großen Synagoge, das früher als Altersheim gedient hatte, wurde zur Anlaufstelle, in deren Korridoren sich die Bedürftigen drängten. Der *Zentralausschuß der deutschen Juden*, in dem sich Zionisten und Nicht-Zionisten, Liberale und Orthodoxe zusammengeschlossen hatten, reagierte mit einem umfangreichen Hilfs-, Ausbildungs- und Beratungsprogramm. Im Herbst 1933 wurde das Aufbauwerk in die neugegründete *Reichsvertretung* eingegliedert.

Mit deutscher Tüchtigkeit wurde innerhalb kurzer Zeit, teils auf der Basis vorhandener jüdischer Fürsorgeorganisationen, teils durch neugeschaffene Einrichtungen geholfen. In den ersten Jahren stand noch die Eingliederung in das Wirtschaftsleben im Vordergrund; Beratungsstellen und Arbeitsvermittlungen, Darlehenskassen und Umschulungsmaßnahmen wurden aus eigener Kraft organisiert und finanziert. Es entwickelte sich ein zunehmend jüdisches Leben, weil ein Arzt, Apotheker oder Dentist nunmehr mit jüdischen Hilfsgeldern in einer von Juden bewohnten Gegend mit Geräten, die er bei jüdischen Firmen kaufte, seine neue Praxis oder sein Geschäft aufmachte; weil Kaufleute, die bei

»Ariern« keinen Kredit mehr bekamen, zu jüdischen Lieferanten wechselten, Redakteure für die jüdische Presse, Fotografen für jüdische Kun-
den arbeiteten, sofern sie noch Arbeit finden konnten. Neben der Fürsorge und Wirtschaftshilfe spielte die Beratung und Vorbereitung auf die
Auswanderung eine immer wichtigere Rolle. Die schwierigen Einwan-
derungsbestimmungen, ärztliche Untersuchungen, Formulare, die Auflösung der Wohnungen, das Besorgen von Bürgen und Visen, die Beschaffung immer neuer Gelder war für die meisten ein endloser Hinder-
nislauf, der sich oft hinzog, bis es zu spät war. Auch der *Centralverein*,
der ursprünglich mit Palästina wenig zu tun haben wollte, unterstützte
zionistische Auswanderungs-Vorbereitungen, die Lehrwerkstätten und
Umschulungen. In den Sprachkursen, Lehrgängen für Kindergärtnerinnen und Landwirte, Schmiede, Butler, Köchinnen und Modezeichnerin-
nen lernten Jugendliche ebenso wie Fünfzigjährige.

Nach der ersten antisemitischen Welle im Frühjahr 1933 waren etwa
25 000 Menschen ausgewandert, vielfach waren es finanziell Bessergе-
stellte, deren Spenden für die Hilfsprojekte damit entfielen. Während die
Verarmung und vor allem auch die Überalterung schnell zunahm,   da
es vor allem Jüngere waren, die den Sprung ins Ausland wagten, gingen
die Einnahmen der Gemeinden durch verminderte Mitgliedsbeiträge

und immer neue Belastungen (Steuernachteile, Streichung von Zu-
schüssen etc.) zurück. Viele Gemeinden in der Provinz waren nicht
mehr in der Lage, ihre Armen zu unterstützen; auch einen Teil dieser
Aufgabe übernahm die *Reichsvertretung*.

1938 gab es 94 Kollektivausbildungs-stätten für Landwirtschaft und Hand-werk, Hauswirtschaft und Kranken-pflege als Qualifikation für die Aus-wanderung. Anfang 1938 wurden ca. 23 000 Jugendliche (u.a. für Schlosser, Schneider, Hühnerzucht und Säug-lingspflege) ausgebildet, eine zentrale Rolle spielten dabei die zionistischen Organisationen.

In den Hachscharah-Zentren des He-chaluz bereiteten sich die Auswande-rer auf Palästina vor, neben land-wirtschaftlicher und handwerklicher

Ausbildung lernten sie hebräisch und übten sich in kollektive Lebensfor-men ein. Anfang 1936 waren etwa 4000 Jugendliche in 85 Hachscharah-Zentren, ein Teil davon im Ausland, bis 1941 konnten 17 000 junge Deut-sche auf die Quote für Arbeiter nach Palästina auswandern.

Die Nazis unterstützten vor allem die Auswanderung nach Palästina, nach Kriegsbeginn durfte das Wort Palästina im Jüdischen Nachrichten-blatt nicht mehr erwähnt werden.

Landwirtschaftliche Aus-
bildung der Hachscharah
in Alt-Karbe bei Berlin,
1935
62

*Landwirtschaftliche
Ausbildung in
Alt-Karbe, 1935*

*Tagesschule und Vorlehre
der Reichsvertretung,
um 1936*

64

*Abschiedsfeier für ein
auswanderndes Kind in
der Lotte-Kaliski-Schule,
1938*

Die Lehrerin Ruth
Ehrmann der Kaliski-
Schule verabschiedet ein
auswanderndes Kind,
1938. Sie selbst wandert
nach Chile aus.

Die Kinder konnten noch
auswandern, die Eltern
lesen ihre Briefe ...

Da im Winter 1935 Juden vom *Winterhilfswerk* ausgeschlossen wurden, war es nötig, eine eigene Organisation zu gründen. Das *Jüdische Winterhilfswerk* wurde größtenteils ehrenamtlich von Frauen- und Jugendorganisationen getragen. Im Gegensatz zu den Straßensammlungen, die innerhalb der »deutschen« Winterhilfe als großangelegte Propagandaaktionen aufgezogen wurden, gingen die Schüler und Frauen des *Jüdischen Winterhilfswerks* von Tür zu Tür und sammelten die sogenannten »Pfundspenden«.

Immer mehr alte Menschen mußten untergebracht werden, weil sie gezwungen wurden, ihre Wohnungen zu räumen, oder weil die Kinder ausgewandert waren. Neben den vorhandenen jüdischen Altersheimen wurden neue Heime und Betreuungseinrichtungen geschaffen, Suppenküchen eingerichtet, Nachbarschaftshilfe organisiert. Für die Zuwanderer aus den Provinzen wurden Unterkünfte und Heime geschaffen. Aus den Beständen von Auswanderern entstanden Kleider- und Möbelkammern. Schulkinder erhielten Ferienaufenthalte, Fahrtkostenzuschüsse und Verpflegung. Kinderheime, Lesestuben und Waisenhäuser wurden erweitert oder neu geschaffen. Es gab eine Schulabteilung der Reichsvertretung, die Schulen einrichtete, Lehrer anstellte und ausbildete, eigene Lehrpläne und Unterrichtsmaterial entwickeln mußte.

In Berlin besuchten 1933 höchstens ein Drittel der »jüdischen«
Schüler Einrichtungen der Gemeinden. Jüdische Schüler durften zwar
noch bis November 1938 öffentliche Schulen besuchen, aber die Atmosphäre war unerträglich geworden durch den Unterricht in »Rassekunde«und NS-Weltanschauung, durch die NS-Schulfeiern, Hitlergruß und
»Judenbänke«. Die Älteren verließen die Schule und suchten eine Ausbildung, die Jüngeren wechselten in jüdische Schulen. Die Schulabteilung der *Reichsvertretung* unterhielt 1936 hundertsechzig von ihr ge-
gründete Schulen mit 1200 Lehrern. Die Grundschule der *Adass Jisroel*-
Gemeinde in Sigmundshof nahm nach 1933 sehr viele jüdische Kinder
auf, unabhängig davon, ob sie die religiösen Vorstellungen dieser eher
traditionstreuen Gemeinde teilten oder nicht. Für die aus öffentli-

chen Schulen oder assimilierten Familien kommenden Kinder bedeutete
das oft neue Konflikte, weil sie nun mit jüdischen Gebräuchen konfron-
tiert wurden, die ihnen fremd waren. Die regelmäßigen Schulspeisungen
und die Sommerlager für erholungsbedürftige Schüler wurden mit der
fortschreitenden Verarmung des Mittelstandes ausgebaut. Seit Januar
1935 beaufsichtigten Staatskommissare Unterricht und Prüfungen, im
März 1939 wurde die Schule geschlossen.

Die Arisierungen in den Jahren 1937/38 hatten die wirtschaftliche Lage
der Juden aussichtslos werden lassen. Die radikalen Maßnahmen dieser
Monate waren bereits Teil der beschleunigten Kriegsvorbereitungen.
Schon im Laufe des Jahres 1937 wurde die Arisierung durch Verwaltung und Gesetzgebung beschleunigt, im Frühjahr 1938 signalisierte eine neue Flut von Terrormaßnahmen, daß Juden endgültig aus der deutschen Wirtschaft ausgeschlossen werden sollten. Dies wurde mit der Re-
gistrierung allen jüdischen Vermögens und der Kennzeichnung jüdischer Betriebe sorgsam vorbereitet. Einzelhandel, verbliebene Gewerbe,
noch erlaubte Arzt- und Anwaltspraxen und Handwerksbetriebe wurden weitgehend ausgeschaltet.
   Durch Emigration und Abwanderung machten 1938 die über
50jährigen die Hälfte der jüdischen Bevölkerung in Deutschland aus.
Ende 1938 war etwa ein Viertel der Juden unterstützungsbedürftig und
erhielt Zuwendungen von den Jüdischen Gemeinden oder der jüdischen
Winterhilfe. Seit 1939 erhielten Juden keinerlei öffentliche Wohlfahrt-
sunterstützung mehr, nur noch 16 Prozent der Juden konnten 1939 einer Erwerbstätigkeit nachgehen, über die Hälfte davon waren Arbeiter.

Ausgabe der
»Pfundspende«, 1936

Kleiderkammer der
Jüdischen Gemeinde,
Spenden der Ausge-
wanderten für die
Dagebliebenen

Volksküche
Johannisstraße, 1939

Selbst in der Armut
versucht man,
die gewohnten Formen
zu wahren ...

72

*Schusterwerkstatt und
Schuhausgabe in der
Kleiderkammer der
Jüdischen Gemeinde,
1936*

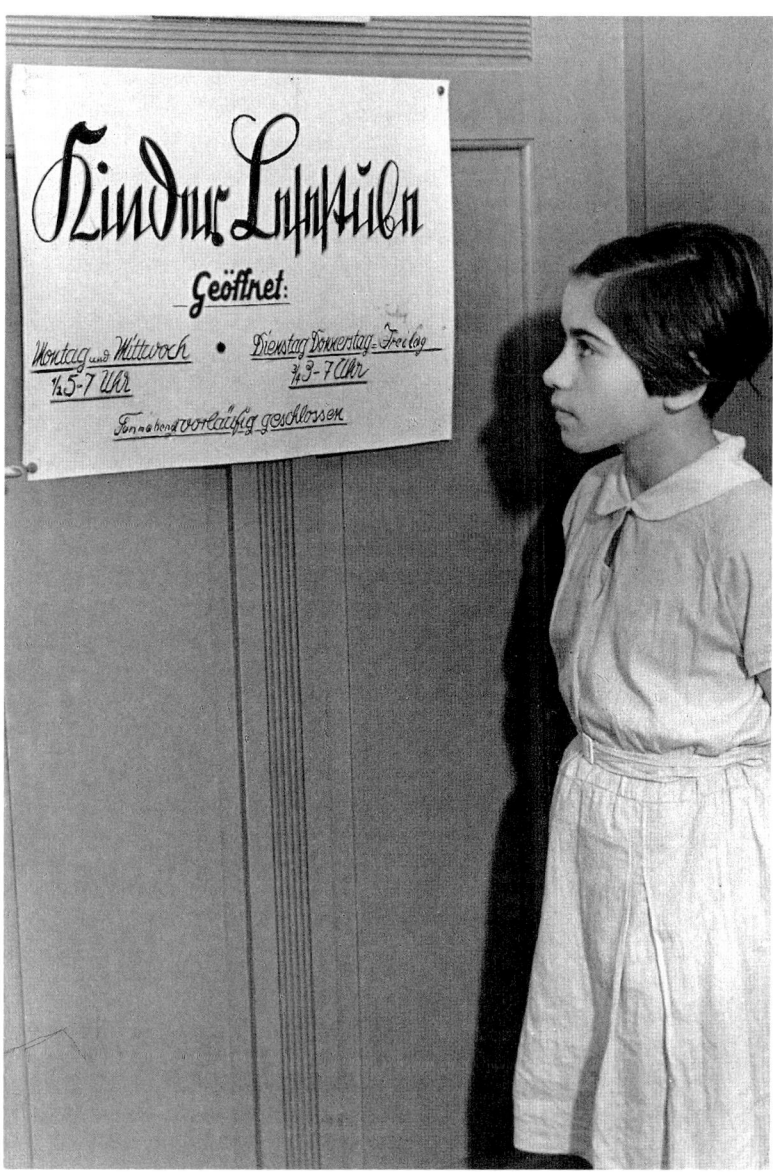

Mit dem Verbot, Spiel- und Sportplätze zu benutzen, aber auch durch die Verfolgungen und Angriffe in »erlaubten« Räumen entstand das Problem, die Kinder nachmittags zu beschäftigen. Die Jüdische Gemeinde richtete fünf Lesestuben für Kinder ein. Sie waren zugleich eine Art Kinderhort, in dem Schularbeiten beaufsichtigt, gemeinsam musiziert, gespielt und gebastelt wurde.

Zur Ermutigung der Nazis hat sicher auch der problemlose Anschluß
Österreichs und die zurückhaltende Reaktion des Auslandes beigetragen. Die internationale Konferenz über Flüchtlingsfragen in Evian im
Juli 1938 zeigte, daß die potentiellen Einwanderungsländer nicht bereit
waren, den wachsenden Flüchtlingsstrom aufzunehmen.

Ende September hatten die Nazis bei dem *Münchner Abkommen* einen
diplomatischen Sieg errungen. Am 27./28. Oktober wurden etwa
17 000 »polnische Juden«, die zum Teil seit Jahrzehnten in Deutschland gelebt hatten oder sogar hier geboren waren, verhaftet und in Sam-
meltransporten zur polnischen Grenze gebracht. Nur Polen, das die
Flüchtlinge nicht haben wollte und zurücktrieb, widersetzte sich der
Aktion. Das Attentat, mit dem Herschel Grynszpan die Weltöffentlich-
keit aufrütteln wollte, wurde zum Vorwand für die Pogrome am 9./10.
November. Der organisierte Volkszorn, bei dem fast alle Synagogen in
Deutschland verwüstet wurden, war ein gut vorbereiteter Höhepunkt
der vorausgegangenen Verfolgung und Vertreibung. Ungefähr 30 000
Menschen wurden verhaftet und zeitweilig in KZs eingeliefert, über 90
Personen ermordet, mehr als 7000 Geschäfte zerstört und geplündert.

In der Pogromnacht durften Schulkinder und erwachsene Männer unter Beifall ihrer Autoritäten Scheiben einschmeißen und heilige Stätten
demolieren. Die Opfer mußten eine Sühneleistung in Höhe von einer

Milliarde Reichsmark zahlen, die Versicherungsgelder wurden zugunsten des Reichs eingezogen. Die übriggebliebenen Betriebe wurden im Dezember 1938 zwangsarisiert. Anfang 1939 war die »Entjudung der Wirtschaft« abgeschlossen. Arbeit war eigentlich nur noch in der Verwaltung der noch zugelassenen jüdischen Organisationen, der *Reichsvereinigung* und dem *Kulturbund*, möglich. Wer nicht von Rücklagen oder Ersparnissen zehren konnte, mußte sich in Zwangsarbeit verdingen. Das hieß zehn und mehr Stunden schwerer Arbeit bei minimalem Lohn.

1938 war die deutsche jüdische Bevölkerung von knapp einer halben Million auf 360000 geschrumpft, 140000 davon lebten in Berlin. Nach dem Pogrom verließen nochmals etwa 120000 Verfolgte Deutschland.

Völkischer Beobachter,
4. Dezember 1938

Der Polizeipräsident erläßt für den Landespolizeibezirk Berlin zu der Reichspolizeiverordnung vom 28. November 1938 über das Auftreten der Juden in der Öffentlichkeit folgende Erste Verordnung, die am 6. Dezember 1938 in Kraft tritt:
Auf Grund der Polizeiverordnung über das Auftreten der Juden in der Öffentlichkeit vom 28. November 1938 wird für den Landespolizeibezirk Berlin folgendes verordnet:

§ 1

Straßen, Plätze, Anlagen und Gebäude, über die der Judenbann verhängt wird, dürfen von allen Juden deutscher Staatsangehörigkeit und staatenlosen Juden nicht betreten oder befahren werden.

§ 2

Juden deutscher Staatsangehörigkeit und staatenlose Juden, die bei Inkrafttreten dieser Verordnung noch innerhalb eines Bezirkes wohnhaft sind, über den der Judenbann verhängt ist, benötigen zum Überschreiten der Banngrenze einen vom Polizeirevier des Wohnbezirks ausgestellten Erlaubnisschein.
Mit Wirkung vom 1. Juli 1939 werden Erlaubnisscheine für Bewohner innerhalb der Bannbezirke nicht mehr erteilt.

§ 3

Juden deutscher Staatsangehörigkeit und staatenlose Juden, die von einer innerhalb des Bannbezirks gelegenen Dienststelle vorgeladen werden, bedürfen eines vom Polizeirevier des Wohnbezirks ausgestellten Erlaubnisscheins von zwölfstündiger Gültigkeit.

§ 4

Der Judenbann erstreckt sich in Berlin auf:

1. sämtliche Theater, Kinos, Kabaretts, öffentliche Konzert- und Vortragsräume, Museen, Rummelplätze, die Ausstellungshallen am Messedamm einschl. Ausstellungsgelände und Funkturm, die Deutschlandhalle und den Sportpalast, das Reichssportfeld, sämtliche Sportplätze einschließlich der Eisbahnen;
2. sämtliche öffentliche und private Badeanstalten und Hallenbäder einschließlich Freibäder;
3. die Wilhelmstraße von der Leipziger Straße bis Unter den Linden einschließlich Wilhelmplatz;
4. die Voßstraße von der Hermann-Göring-Straße bis zur Wilhelmstraße;
5. das Reichsehrenmal mit der nördlichen Gehbahn Unter den Linden von der Universität bis zum Zeughaus.

§ 5

Ausgenommen von Ziffer 1 bis 2 des § 4 sind die Einrichtungen und Veranstaltungen, die nach entsprechender behördlicher Genehmigung für jüdischen Besuch freigegeben sind.

§ 6

Wer dieser Verordnung vorsätzlich oder fahrlässig zuwiderhandelt, wird auf Grund des § 2 der Polizeiverordnung vom 28. November 1938 mit Geldstrafe bis zu 150,- RM oder mit Haft bis zu sechs Wochen bestraft.

§ 7

Diese Verordnung tritt am Tage nach ihrer Verkündigung in Kraft.
Hierzu teilt der Polizeipräsident folgendes mit:
Wie aus der Überschrift der erlassenen Verordnung ersichtlich, werden auf Grund der Reichspolizeiverordnung vom 28. November noch weitere einschneidende Durchführungsverordnungen ergehen. Die erlassene Erste Durchführungsverordnung hat

*nur über einen verhältnismäßig ge-
ringen Teil von Straßenzügen, Anstalten usw. den Judenbann verhängt.
Dieser Judenbann erstreckt sich nicht
auf ausländische, wohl aber auf alle
Juden deutscher Staatsangehörigkeit
und staatenlose Juden. Wahrscheinlich wird der zeitlich unbeschränkte
Judenbann in Kürze insbesondere auf
eine große Zahl Berliner Straßen aus-
gedehnt werden. Es kommen hierfür
vornehmlich die Haupt- und Pracht-
straßen Berlins, wie u.a. der Kurfürstendamm, Friedrichstraße, Tauent-
zienstraße, Unter den Linden, Kaiser-
damm, Bismarckstraße usw. in Frage,
da gerade in diesen Straßen das Judentum auch heute noch das Straßen-
bild mehr oder weniger beherrscht.
Es haben schon zahlreiche Juden an-
gefragt, welche Wohngegenden Berlins
aller Voraussicht nach von dem Judenbann ausgenommen werden.
Hierzu kann gesagt werden, daß
wahrscheinlich die im Zentrum und
Norden Berlins gelegenen Straßenzü-
ge, in denen schon seit Jahren das jüdische Element vorherrscht (so z.B.*

*Münz-, Linien-, Grenadierstraße),
nicht zu den Judenbannbezirken gerechnet werden. Es wird jedoch jetzt
schon darauf hingewiesen, daß die in
oder an den Haupt- und Prachtstra-
ßen Berlins wohnenden Juden damit
rechnen müssen, daß schon in nächster Zeit über die von ihnen bewohnten Straßen der Judenbann zeitlich
beschränkt oder auch unbeschränkt
verhängt wird.
Es empfiehlt sich daher für die Juden,
jetzt schon vorsorglich eine andere
Wohnung in einem der obengenann-
ten Teile Berlins zu suchen und eventuell mit dort wohnenden deutschen
Volksgenossen einen Wohnungstausch
vorzunehmen.
Des weiteren haben zahlreiche Gast-
wirte und Hoteliers sofort nach der
Veröffentlichung der Reichspolizeiverordnung vom 28. November 1938
darum gebeten, daß im Verordnungswege nunmehr den Juden der Zutritt
zu ihren Lokalen verboten wird. Die
Juden haben damit zu rechnen, daß
sie in Zukunft auf rein jüdische Gast-
stätten beschränkt werden.*

Hatte die *Verordnung über die Anmeldung des Vermögens von Juden*
nicht nur die Beschlagnahme von jüdischen Betrieben, sondern die Erfassung jeden Teppichs und Gebrauchsgegenstandes sorgfältig vorbereitet, so wurde nach Kriegsbeginn die Isolierung verschärft, die Ausplün-
derung bis zu den Wollsocken auf dem Verordnungswege geregelt. Ein
nächtliches Ausgehverbot von 21 bis 5 bzw. im Winter von 20 bis 17
Uhr, die Kündigung der Telephonanschlüsse und die Bestimmung, daß
Radioapparate abgeliefert werden mußten, schnitt Juden von der Au-
ßenwelt weitgehend ab. Durch neue Mietgesetze wurden Juden in Wohnungen und Wohnbezirken zusammengeschlossen, bevor 1939 bis
1940 mit der Aussiedlung der jüdischen Bevölkerung einzelner Städte
und im Oktober 1941 mit den systematischen Deportationen in ganz
Deutschland begonnen wurde. Und noch vor dem endgültigen Beschluß, alle Juden zu vernichten, mußten Pelz- und Wollsachen, Ski-
und Winterausrüstung, ab 1942 dann Fotoapparate, optische Geräte,
Fahrräder, Schreib- und Rechenmaschinen abgeliefert werden; Warte-

räume, Raststätten und deutsche Friseurläden durften die Juden gar nicht mehr, öffentliche Verkehrsmittel nur nach Genehmigung durch die örtlichen Polizeidienststellen benutzt werden. Eier, Rauchwaren, Weizenmehl, Milch, Fisch und Fleisch, frisches Obst und Gemüse gab es, soweit im Krieg noch vorhanden, nur für »Arier«.

Das imposante Werk der Selbsthilfe war nicht nur Unterstützung, sondern immer zugleich Mittel der Selbstbehauptung, die das Gefühl der Zusammengehörigkeit stärkte. Im Kampf gegen die feindliche Umwelt besannen sich viele, die vorher wenig *jüdisch* gefühlt hatten, auf ihr Judentum. Dieser Selbstbehauptungskampf hatte aber auch die Illusionen verlängert und manchen bewogen, in Deutschland zu bleiben, statt rechtzeitig zu flüchten. Nach dem Novemberpogrom versuchten die jüdischen Organisationen nicht mehr, neue Arbeitsstellen innerhalb der ghettoisierten »jüdischen«Wirtschaft zu finden. Es ging nur noch darum, die Flucht zu ermöglichen. Mit Kriegsbeginn im September 1939 war diese Möglichkeit weitgehend verschlossen. Zur selben Zeit wurde die Gesundheits- und Sozialpolitik des Dritten Reichs nach den Forderungen der Erb- und Rassehygiene umgestaltet. Sozialarbeit wurde zu einem der wichtigsten Instrumente der Selektion, der Förderung »erbbiologisch wertvollen« und der Ausgrenzung »rassisch minderwertigen« Lebens.

Die Wohlfahrtspflegeschulen wurden in »Staatlich anerkannte Schulen für Volkspflege« umbenannt. Die Bezeichnungen Wohlfahrt und Fürsorge wurden generell nicht mehr verwendet. An die Stelle der bis dahin gebräuchlichen Berufsbezeichnungen Wohlfahrtspflegerin, Fürsorgerin, Sozialbeamtin trat die Bezeichnung »Volkspflegerin«. Diese Volkspflegerinnen sollten die nationalsozialistische Weltanschauung in die Familien tragen, sie »erfaßten« die Behinderten, Unangepaßten, »verwahrlosten Jugendlichen« und »Asozialen« im Sinne des Nationalsozialismus und wurden damit für die Entscheidung über Zwangssterilisation und Euthanasie zuständig.

Kennzeichnung

»Der Jude«, »die Jüdin« waren gebrandmarkt und erkennbar, lange bevor sie durch jüdische Vornamen, Stempel und Stern gekennzeichnet wurden. Jeder Nachbar und Hausbesitzer wußte, wer im Haus Jude gemäß der »Rassekunde« war, auch wenn er nicht aufgrund seiner Feiertage, Kleidung oder der Mesuse an der Eingangstür als Jude wahrnehmbar war − falls er es nicht schon vor 1933 gewußt hatte, weil semitisches Aussehen und jüdische Namen schon immer genau registriert wurden. Zudem mußten ständig Listen und Formulare ausgefüllt werden, in denen nach der Rassezugehörigkeit gefragt wurde. Jeder Angestellte einer Krankenkasse oder Handelskammer, jeder Bearbeiter der umfangreichen »Vermögenslisten«, jede Lehrerin, jeder Arzt und erst recht Richter, Ariseur und Sachverständige für die Verwertung des eingezogenen Vermögens, Polizei- oder Standesbeamte kannte hunderte von Juden und ihre Situation.

Das »J« im Ausweis und auf der Lebensmittelkarte, die Anordnung, dem eigenen Namen »Israel« oder »Sara« hinzuzufügen, und schließlich der gelbe Stern waren als Erkennungszeichen nicht mehr nötig. »Der Jude« hatte keine individuelle Identität mehr. Es waren Brandmale, die Juden die Menschenwürde aberkannten und ein Symbol schufen, das alle – außer denen, die gemeint waren – verstanden. Wie durch die Ästhetisierung in den Aufmärschen, im Hakenkreuz und der Säulenarchitektur positive Zeichen der Gemeinschaft inszeniert wurden, so schuf die »Jüdin Sara«, der »Jude Israel« mit Stern eine Gestalt, in der alles, was nicht zum »arischen Herrenmenschen« paßte, zuerst aufgehoben und dann »ausgemerzt« wurde.

---

§ 1

Juden, die deutsche Staatsangehörige sind, haben unter Hinweis auf ihre Eigenschaft als Jude bis zum 31. Dezember 1938 bei der zuständigen Polizeibehörde die Ausstellung einer Kennkarte zu beantragen. Für Juden, die nach dem Inkrafttreten dieser Bekanntmachung geboren werden, ist der Antrag innerhalb von drei Monaten nach der Geburt zu stellen.

§ 2

Juden über 15 Jahre haben sich, sobald sie eine Kennkarte erhalten haben, auf amtliches Erfordern jederzeit über ihre Person durch die Kennkarte auszuweisen.

§ 3

*(1) Juden haben, sobald sie eine Kennkarte erhalten haben, bei Anträgen, die sie an amtliche oder parteiamtliche Dienststellen richten, unaufgefordert auf ihre Eigenschaft als Jude hinzuweisen sowie Kennort und Kennnummer ihrer Kennkarte anzugeben oder, falls die Anträge mündlich gestellt werden, unaufgefordert ihre Kennkarte vorzulegen. Das gleiche gilt für jede Art von Anfragen und Eingaben, die Juden an amtliche oder parteiamtliche Dienststellen richten, sowie bei der polizeilichen Meldung.
(2) Wird in den Fällen des Abs. 1 ein Jude durch eine dritte Person vertreten, so hat der Vertreter unaufgefordert auf die Eigenschaft des Vertretenen als Juden hinzuweisen sowie Kennort und Kennummer der Kennkarte des Vertretenen anzugeben.*

Bekanntmachung über den Kennkartenzwang, 23. Juli 1938

*1. Die Kennzeichen sind etwa in Herzhöhe auf dem Kleidungsstück fest aufgenäht, jederzeit sichtbar zu tragen. Jede Verdeckung des Kennzeichens ist unzulässig.
2. Die Kennzeichen sind sorgfältig zu behandeln.
3. Beim Aufnähen des Kennzeichens auf das Kleidungsstück ist der über*

*das Kennzeichen (Judenstern) hinausragende Stoffrand umzuschlagen.
4. Unter Öffentlichkeit ist jeder Ort zu verstehen, an dem ein zum Tragen des Kennzeichens verpflichteter Jude einer Person begegnen kann, die nicht zu seinem Haushalt gehört.
10. Oktober 1941*

Die Reichsvereinigung der Juden in Deutschland gibt zur Durchführung der Polizeiverordnung zur Kennzeichnung der Juden vom 1. September 1941 folgende amtliche Richtlinien bekannt:

Für Journalisten, Schriftsteller, Intellektuelle und Künstler galten eigene Gesetze – im strengen Wortsinn. Gefährdet waren alle, die sich zur Zeit der Republik gegen die NSDAP geäußert hatten – Jude oder Nicht-Jude; der latente oder offene Antisemitismus der deutschen Bevölkerung erwies sich als nützliches Instrument gegen Liberalismus, Sozialismus, Individualismus, Abweichung. Die nationalsozialistische Gleichsetzung von Opposition und Weltläufigkeit mit »jüdisch« hat sich, wenngleich in philosemitischer Modifikation, bis in die Gegenwart immer wieder bewährt. Parolen gegen die »Judenpresse« und das »verjudete Schrifttum«, gegen Anhänger der »Judenrepublik«, »jüdischen Kosmopolitismus« und »Judensöldlinge« gehörten zu den wichtigsten Propagandainstrumenten der alten und der frischbekehrten Nationalsozialisten.

Nach dem Reichstagsbrand am 27. Februar 1933 wurden die Exponenten der Opposition gejagt und verhaftet, sofern sie nicht – meist besser informiert und politisch bewußter als die gewerbetreibenden Bürger – untergetaucht waren. Diese Hetzjagd auf Gegner des NS führte bereits im ersten Halbjahr 1933 zu einer Massenflucht von Intellektuellen und Politikern jüdischer und nichtjüdischer Herkunft. Da gerade die Schriftsteller, Publizisten und Künstler über zahlreiche, einander bekämpfende Gruppen, Grüppchen und Organisationen verstreut waren, boten sie im Sinne der neuen Ordnung das Bild einer unkontrollierbaren Vielfalt von Individualisten. Die Absonderung und Kontrolle, nicht nur der »Staatsfeinde«, sondern letztlich der gesamten Bevölkerung, wurde raffiniert abgestuft, aber immer nach dem gleichen Prinzip durchgeführt: Erst zerschlugen die neuen Machthaber die demokratischen Verbände, danach wurden Zwangsorganisationen geschaffen, dann die »unzuverlässigen Elemente« ausgesondert und »Juden« in einem jüdischen Kulturbereich ghettoisiert.

Am 13. März 1933 – zehn Tage vor der Ausschaltung des Parlaments durch das *Ermächtigungsgesetz* – war das Reichsministerium für Volksaufklärung und Propaganda eingerichtet worden, der Reichsminister Doktor Joseph Goebbels lenkte die propagandistischen Großaktionen und sublimen Einzelmaßnahmen mit ausgesucht effektiven Methoden. Er vertrat dabei einen radikalen Antisemitismus, nach dessen Maßstab die späteren Bestimmungen der *Nürnberger Gesetze* noch mild und inkonsequent waren.

Die Vorarbeit für eine Vereinheitlichung auf dem Terrain der Meinungsbildung, die den ideologischen Kampf der Nazis erleichterte und ermöglichte, hatte schon der Hugenberg-Konzern geleistet, der seit 1916 immer mehr Zeitungen in seinem Unternehmen konzentrierte, mit der 1917 erworbenen Ufa über ein wirksames Propagandainstrument verfügte, nach und nach 80 konservative und deutschnationale Zeitungen beherrschte, auf einen großen Teil der Provinzpresse Einfluß hatte und über eine eigene Nachrichtenagentur verfügte.

Obwohl die »jüdischen« Schriftsteller und Künstler eine zahlenmäßig kleine Gruppe waren, zählten sie für die Nazis zu den besonders gefährlichen Feinden. Aus vielen Gründen kamen die bedeutendsten Chefredakteure, Autoren oder Verleger der Weimarer Republik oft aus jüdischen Familien und im Verhältnis zur übrigen Bevölkerung gab es unter »Juden« besonders viele Liberale. Sie waren eine – keineswegs repräsentative – Elite, die in jüdischen Kreisen als Beweis für die gelungene deutsch-jüdische Symbiose angesehen wurde. Die Tatsache, daß jüdische Deutsche – gemessen am Anteil der Gesamtbevölkerung – im Kulturleben relativ einflußreich waren, wurde mit Erfolg in den Kampagnen des Propagandaministeriums genutzt, sie wurden zum Inbegriff eines »artfremden jüdischen Geistes« stilisiert, ihre Assimilation galt als »besonders hinterhältiges Täuschungsmanöver«.

Die Säuberung der Akademie der Künste begann bereits am 15. Februar mit dem Ausschluß von Heinrich Mann; andere nicht-jüdische Mitglieder wie Thomas Mann und Ricarda Huch traten aus Protest gegen die von Gottfried Benn vorgeschlagene »Loyalitätserklärung« aus. Der *Schutzverband Deutscher Schriftsteller* (SDS) und die *Deutsche Gruppe des P.E.N.* wurden im März bzw. im April von Nazis übernommen. In jeder Sparte des öffentlichen Lebens wurden Mitarbeiter, aber auch ganze Korporationen en bloc zuerst zusammengeschlossen, dann vereinheitlicht und schließlich »diszipliniert«. So wurde am 9. Juni 1933 der *Reichsverband Deutscher Schriftsteller* zur offiziellen Standesorganisation, am 31. Juli dann der gereinigte SDS eingegliedert. Die Preußische Akademie der Künste wurde Anfang Juni 1933 zur *Deutschen Akademie der Dichtung* mit Statuten nach NS-Prinzip umgeformt.

Nach solchen Vorbereitungen, stets begleitet von Hetzkampagnen, die als Alibi dienten, wurden mit dem *Reichskulturkammergesetz* vom 22. September 1933 für alle Zweige der Kultur (Schrifttum, Presse, Rundfunk, Theater, Musik, Film und bildende Künste) Kammern eingerichtet, die Zugehörigkeit zu einer der Kammern war Bedingung für die Arbeitsmöglichkeit der »Kulturschaffenden«. Diese Reichskulturkammer hatte vorerst keinen Arierparagraphen, da aber die »Förderung einer deutschen Kultur« zu ihrer zentralen Aufgabe gehörte und nur Nicht-Juden in leitenden Funktionen saßen, wurde es damit den meisten Juden unmöglich, in ihrem Beruf weiterzuarbeiten – sofern nicht aus volkswirtschaftlichen Rücksichten eine »flexible Praxis« bevorzugt wurde. Bei Nicht-Juden wurde unter anderem die Einstellung zur »Judenfrage« der Prüfstein der richtigen Gesinnung. Für jede der in der Reichskulturkammer zusammengeschlossenen Sparten fanden sich vertrauenswürdige Schriftsteller, Musiker, Buchhändler, Theaterleute etc., die den Vorstand besetzten, die Aufrufe nationaler Gesinnung formulierten, Briefe an »unwürdige« Kollegen versandten, Kollegen denunzierten und »Juden« identifizierten. Seit 1935 wurden systematisch, wenn auch nicht vollständig, jüdische Autoren aus der Reichsschrifttumskammer gesäubert, 1937 wurde dann in der Reichskulturkammer der Arierparagraph eingeführt. Auch im Kulturbereich wurde im Zweifelsfall pragmatisch entschieden, wenn etwa Tantiemen jüdischer Librettisten oder Devisen aus jüdischen Buchbeständen finanziellen Gewinn verspra-

---

Jüdische Telegraphenagentur, 11./12. August 1933

Professor Arthur Kuttner und Professor Lydia Rabinowitsch sind von der Schriftleitung der Zeitschrift für Tuberkulose zurückgetreten. Lydia Rabinowitsch geniesst auf dem Gebiete der experimentellen Tuberkuloseforschung Weltruf.
Der bis vor kurzem an der Universität Hamburg tätig gewesene Psychologe Professor William Stern und der Direktor des Berliner Institutes für angewandte Psychologie Dr. Otto Lipmann, der Gründer und bisherige

Schriftleiter der Zeitschrift für angewandte Psychologie, haben mit dem jetzt erscheinenden Bande ihre redaktionelle Tätigkeit eingestellt. Die beiden jüdischen Gelehrten gehören zu den hervorragendsten Autoritäten auf dem Gebiete der Jugendpsychologie und Berufseignungsforschung.
William Sterns Buch »Psychologie der frühen Kindheit« ist eines der meistgelesenen Bücher der psychologischen Literatur.

chen oder, wie im Fall Richard Dehmels, der Nachlaß durch die Arbeit der »nicht-arischen« Witwe verwertet werden konnte. Das Kompetenzgerangel zwischen Wirtschafts-, Propaganda- und Kultusministerium beweist, daß es keineswegs eine einheitliche, durchgängige Linie der »Judenpolitik« gab.

Nachdem schon im Sommer 1933 jüdischen oder politisch nicht genehmen Mitarbeitern die Leitung von Publikationen − sei es durch »Privatinitiativen« oder im Zuge der Säuberung von Vereinen und Organisationen − entzogen worden war, wurde am 4. Oktober 1933 das *Schriftleitergesetz* erlassen; ein Instrument, um all jene mißliebigen Redakteure und Presseorgane auszuschalten, die nach Nazi-Verständnis »jüdisch« waren, weil sie Besitzer oder Redakteure jüdischer Herkunft hatten. Um Schriftleiter zu sein, war nicht nur die »arische« Abstammung nötig, die Antragsteller durften auch keinen »nicht-arischen« Ehepartner haben.

Der *Börsenverein Deutscher Buchhändler* war im Dezember 1933 in die Reichsschrifttumskammer übernommen worden, mit der Verschärfung der staatlichen Kulturpolitik trat 1934 ein Zwangsverband an seine Stelle, der *Bund Reichsdeutscher Buchhändler* (BRB), der auch alle Angestellten im Buchhandel, Vertreter und Mitarbeiter von Leihbüchereien erfaßte. Auch wirtschaftliche Tätigkeiten, die mit Schrift, Kunst

Jüdische Rundschau,
16. Mai 1933

Künstlerhilfe nur für Arier. – Auf einer städtischen Pressekonferenz berichtete der Dezernent für das städtische Kunst- und Bildungswesen in Berlin, Staatskommissar Hafemann, über seine Tätigkeit. U.a. teilte er mit, dass aus den Mitteln der Berliner »Künstlerhilfe«, für die im Etat ein Betrag von 75 000 Mk. eingesetzt ist, in Zukunft nur arischen Künstlern Beihilfen gewährt werden sollen. Die Künstlerhilfe ist dazu bestimmt, bedürftigen Künstlern, die von irgendwo ein Angebot haben, das Reisegeld oder die nötige Kleidung zu verschaffen. Bisher wurden auch Juden durch die Künstlerhilfe unterstützt. Ferner schilderte Staatskommissar Hafemann die planmässige Entfernung der jüdischen und marxistischen Zeitungen, Zeitschriften und Bücher aus der Magistrats- und Stadtbibliothek, sowie aus den Bezirksbüchereien. Bei der Bücherverbrennung am 10. Mai seien rund 1800 Exemplare aus städtischem Besitz verbrannt worden. Ein Teil der geächteten Bücher stehe noch in den Regalen, in den Katalogen werden sie jedoch nicht mehr geführt. Es stehe noch nicht fest, ob man sie verbrennen oder einstampfen oder in besondere Kammern bringen werde. Eine grosse Londoner Buchhandlung habe vor dem Autodafé ein telegraphisches Angebot an die Stadt Berlin gemacht, die zur Verbrennung bestimmten Bücher in Bausch und Bogen anzukaufen. Es sei unnötig zu sagen, erklärte Staatskommissar Hafemann, dass die geschäftstüchtigen Engländer hiermit kein Glück gehabt hätten.

Jüdische Rundschau,
19. Mai 1933

In den diesjährigen Berliner Ausstellungen der »Akademie«, »Secession« und »Grosse Berliner Kunstausstellung« wird kein jüdischer Maler, Bildhauer oder Graphiker mit seinen Werken vertreten sein. Die jüdischen Mitglieder der »Secession« mussten den Verein verlassen. (Von 120 Mitglieder waren 9 Juden.) Wie sich die anderen Ausstellerverbände zu den jüdischen Mitgliedern verhalten werden, ist noch nicht entschieden, man wartet wohl ab, wie sich der »Reichsverband bildender Künstler« verhalten wird. Bisher sind überall aus den Vorständen die Juden ausgeschieden.

oder auch nur Zeitungshandel zu tun hatten, galten für die Nazis als »Kulturberufe«. Der privatrechtliche Börsenverein wurde nach Satzungsänderungen 1936 völlig gleichgeschaltet und nach dem Führerprinzip organisiert. Wie ängstlich oder auch opportunistisch gerade die Verleger waren, zeigte sich, als ihr prominentes Mitglied Samuel Fischer im Oktober 1934 gestorben war. Nur ein kleines Gefolge fand sich am Jüdischen Friedhof in Weißensee ein. Der Börsenverein schickte keinen Vertreter.

Die Reichskammer der bildenden Künstler schloß Ende 1935 jüdische Kunst- und Antiquitätenhändler aus, die Reichsfilmkammer forderte jüdische Besitzer von Lichtspieltheatern auf, ihre Unternehmen zu verkaufen. Auf die Entlassungen aus staatlichen und kommunalen Einrichtungen, von denen Orchestermitglieder, Schauspieler, Dirigenten und Regisseure bereits 1933 durch das Berufsbeamten-Gesetz getroffen waren, folgten die Arisierungen »jüdischer« Verlage und Lichtspielhäuser.

Redaktion »Israelitisches   erlitt einen Herzschlag,
Familienblatt« (1937).   als die SS ihn 1942 in
Leo Kreindler (Mitte)   seinem Büro aufsuchte

Als erste wurden jene Verlage ausgeschaltet, die sich an ein breites Publikum wandten und vorwiegend deutsche, aber im Nazi-Sinn »verjudete« Literatur verlegten – dazu gehörte vor allem Ullstein, der 1934 arisiert wurde. Es war die NS-Betriebszelle, die dafür sorgte, daß jüdische Redakteure und »Staatsfeinde« entlassen und durch genehme Leute ersetzt wurden. Bermann-Fischer durfte mit seinem Lager verfemter Autoren nach Wien gehen, als er bereit war, den »erwünschten Teil« des Verlags in »zuverlässige« Hände zu geben, Erich Reiss versuchte noch bis 1936, als »jüdischer« Verlag zu überleben. Andere Verlage in jüdischem Besitz wurden nach und nach arisiert oder geschlossen, bis es im März 1937 in jüdischem Besitz fast nur noch Unternehmen gab, die sich mit jüdischem Schrifttum befaßten und sich nur an ein jüdisches Publikum wandten. Diese »jüdischen Unternehmen« wurden im Juli 1937 aus der Reichsschrifttumskammer ausgeschlossen und direkt dem Sonderreferat für die »Überwachung und Betätigung aller im deutschen Reichsgebiet lebenden nichtarischen Staatsangehörigen auf künstlerischem und geistigem Gebiet« (Referat Hinkel) unterstellt.

Juden wurden nicht nur abgesondert und ausgeschlossen, den Nazis lag daran, daß die Juden *jüdisch* wurden. Wie auch bei der Vorbereitung und Durchführung der Auswanderung war den National-Sozialisten die zionistische Politik am ehesten verständlich und willkommen. Am meisten bekämpft wurde der Anspruch der Assimilierten, die an Deutschland und deutscher Kultur weiter festhielten. Besonders deutlich wurde diese Politik im Bereich des Zeitungs- und Zeitschriftenwesens. Während die großen bürgerlichen Blätter verboten, enteignet oder der NS-Weltanschauung angepaßt wurden, duldete die Regierung eine »jüdische« Presse. Blätter, die das große jüdische Publikum vor 1933 kaum zur Kenntnis genommen hatte, waren nicht nur erlaubt, sie durften auch − innerhalb der Richtlinien, die sie bei Gefahr für das Leben der Redakteure und die Existenz der Zeitung selbst einhalten mußten − »jüdische Belange« diskutieren. Herbert Freeden hat für die Zeit von 1933 − 1938 fünfundsechzig jüdische Zeitungen und Zeitschriften mit einer Gesamtauflage von etwa einer Million Exemplare nachgewiesen.

Der Spielraum dieser Blätter war erstaunlich groß, aber mit der unbedingten Auflage verbunden, nicht »deutsch« zu sein. Da in den erlaubten »deutschen« Zeitungen meist nur noch stand, was den Horizont der Nazis nicht überstieg, durfte, die »jüdische« Presse zwar nicht kritisch, aber liberal sein. Das hatte in den ersten beiden Jahren der NS-Herrschaft dazu geführt, daß vor allem in Berlin auch Nicht-Juden diese Zeitungen lasen. 1935 wurde Straßenverkauf für Nicht-Juden verboten. Die Betonung einer Bindung der Juden an Deutschland war nach Verabschiedung der Nürnberger Gesetze gefährlich geworden. Insofern hatte es im NS-Sinn durchaus seine Logik, daß ausgerechnet Zeitschrift und Organisation der extrem rechten *Nationaldeutschen Juden* mit als erste verboten wurden.

Zur Politik der strikten Trennung gehörte nicht nur die Enteignung und die Auflage, daß buchgewerbliche Betriebe im Besitz von »Juden« nur noch »jüdische« Literatur produzieren und vertreiben durften, sogenannte »jüdische« Buchhandlungen durften ab 1. August 1937 ihre Ware nur gegen Vorlage des Ausweises an Juden verkaufen, sie mußten an ihrer Eingangstür Schilder anbringen »Verkauf erfolgt nur an Juden gegen Ausweis«. Selbst der Gebrauch der deutschen Schrift (Fraktur) wurde Ende Juli 1937 für jüdische Verlage verboten. Als sich herausstellte, daß diese Typographie den Vertrieb des »deutschen« Schrifttums im Ausland erschwerte, wurde sie auf geheimen Befehl Hitlers abgeschafft. Die ideologische Begründung wurde nachgeliefert, sie galt ab 1941 als »Schwabacher Judenletter«. Die Buchhandelsbetriebe mußten nicht nur ihre Firmennamen mit dem Zusatz »Jüdischer Buchverlag« bzw. »Jüdischer Buchvertrieb« kennzeichnen, sie durften ab August 1937 auch nur noch jüdische Mitarbeiter beschäftigen.

Nachdem die Grobarbeit schon durch die Bücherverbrennung im Mai 1933 getan war, wurden Ende 1937 die letzten in nationalsozialistischem Verständnis »jüdischen« Autoren aus deutschen Verlagen herausgesäubert. Die Verordnungen über die Liquidation von jüdischen Be-

Dr. Martha Wertheimer bei der Arbeit als Kulturredakteurin im Israelitischen Familienblatt (1937). Sie war auch Autorin mehrerer Romane, während der Nazi-Zeit erschien u.a. »Dienst auf den Höhen« in der Jüdischen Buch-Vereinigung. Ihr Drama »Channah« wurde vom Jüdischen Kulturbund preisgekrönt und vielfach aufgeführt. Martha Wertheimer wurde 1942 zusammen mit ihrer Schwester Lydia deportiert.

trieben vom Dezember 1938 trafen dann auch diese Unternehmen. Die Ghettoisierung war insofern noch nicht abgeschlossen, als Lager und Vertrieb der Restbestände von dem nunmehr einzig zugelassenen »Verlag des Jüdischen Kulturbundes« übernommen wurden, der für die Herausgabe und den Vertrieb sämtlicher jüdischer Publikationen zuständig wurde.

Die Nazis haben also nicht nur im abgeschirmten Bereich eine nunmehr »deutsch« definierte Kultur gesäubert, sondern eine »jüdische« Kultur erlaubt, gefordert und befohlen.

Kultur im Ghetto

In dem von Monat zu Monat engeren Raum, der »Juden« zugestanden wurde, entstand ein vitales kulturelles Leben, es wird bis heute als Beispiel einer »jüdischen Kultur« zitiert und auch verklärt.

Die Idee, eine Organisation zu gründen, um einen Teil der arbeitslos gewordenen Künstler aufzufangen, entstand im Kreis der Verfemten. Nachdem »jüdische« Schauspieler, Regisseure, Bühnenbildner, Dirigenten, Sänger, Orchestermitglieder, bildende Künstler, Journalisten und Fotografen aus dem »deutschen« Kulturleben nach und nach ausgeschlossen waren, wurde von einem Kreis um Kurt Singer in Berlin der *Kulturbund* gegründet. Vorstand und Präsidium besetzten Spitzenkräfte der deutschen Kultur, die sich plötzlich aus ihrem vertrauten kulturellen Kontext ausgeschlossen und als »Juden« definiert sahen. Die Initiatoren wandten sich an verschiedene preußische Regierungsstellen, um dafür die Genehmigung zu bekommen. Es erscheint nur auf den ersten Blick verblüffend, daß am 16. Juni 1933 der *Kulturbund deutscher Juden* von Staatskommissar Hans Hinkel genehmigt wurde, der die Verhandlungen im Auftrag des Preußischen Ministeriums für Kunst, Wissenschaft und Volksbildung führte.

Hinkel war seit 1921 Mitglied der NSDAP, seit 1931 in der SS, leitete das Presseamt der NSDAP im Gau Groß-Berlin und war Schriftleiter der Berliner Redaktion des Völkischen Beobachters. Hinkel gehörte seit dessen Anfängen zu Alfred Rosenbergs *Kampfbund für Deutsche Kultur* und konnte den *Kulturbund* für seine eigene Karriere nutzen – er bekam ein eigenes Referat, das der Reichskulturkammer entzogen war: 1935 wurde er »Sonderbeauftragter für die künstlerische und geistige Betätigung der Nicht-Arier«. Vor allem in den frühen Jahren gab es durchaus noch Spannungen und Kompetenzstreitigkeiten innerhalb der Partei, so auch zwischen Propagandaministerium und dem Ministerium für Kunst, Wissenschaft und Volksbildung, in dem Hinkel Theaterreferent gewesen war. Die weitere Entwicklung zeigte, daß Hinkel geradezu »modern« vorging. Während die Absonderung in anderen Bereichen sich an Vorbildern mittelalterlicher Sondergesetze oder rassistischen Konzepten der Kolonialpolitik orientierte, wurde im Fall des Kulturbunds eine Initiative der Gegner unter staatlichen Schutz gestellt und nach und nach im Sinne der »Gönner« benutzt.

*Werbung für den
Kulturbund während
einer Sportveranstaltung
im Grunewald, um 1935*

Hier wirbt der
Jüdische
Kulturbund!

Als erste festangestellte Leiter des »Kulturbunds« standen dem Nazi-
»Intellektuellen« Hinkel Männer mit großer kultureller Kompetenz gegenüber: Kurt Singer, knapp 50 Jahre alt, der von Beruf Neurologe war
und sich als Musikwissenschaftler und Gründer des Berliner Ärzte-
Chors einen Namen gemacht hatte. Er war vor der Machtübernahme
der Nazis stellvertretender Intendant der Städtischen Oper Berlins, die
zentrale Figur und Seele des *Kulturbunds*. Er mußte mit seinem Leben
für jedes Wort haften, das im Namen des *Kulturbunds* geäußert wurde.
Zum Dramaturgen berief er den 53jährigen Julius Bab, einen angesehe-
nen Theaterkritiker, Schriftsteller und Journalisten, der u.a. in der Berliner Volkszeitung des Mosse-Verlags über Bühne, Schauspielkunst und

Literatur geschrieben und durch sein umfangreiches literarisches Werk einen hervorragenden Namen hatte. Die Verwaltung übernahm der damals dreißigjährige Dr. Werner Levie, ein Schüler Werner Sombarts, der u.a. als Journalist bei Ullstein gearbeitet hatte.

Zu den Bedingungen, unter denen eine kulturelle Betätigung von Juden erlaubt war, gehörte die Auflage, nicht in der »deutschen« Öffentlichkeit in Erscheinung zu treten und sich auf jüdische Belange zu beschränken, d.h. die strikte Trennung von »jüdischer« und »deutscher« Kunst zu beachten. Nur Juden durften Mitglieder des Bundes sein und nur Mitglieder hatten Zutritt zu den – geschlossenen – Veranstaltungen. Auch deutsche Pressevertreter waren nicht zugelassen, die einzig »arischen« Teilnehmer an den Veranstaltungen waren Leute der Gestapo und oft auch Hans Hinkel, der nicht nur zur Kontrolle, sondern aus Interesse zu den Aufführungen in der Charlottenstraße kam, wo der *Kulturbund* mit Genehmigung der Behörden ein Theater gepachtet hatte – später zog er in die Kommandantenstraße.

Finanziell aus dem Nichts, personell aus einer völlig heterogenen Gruppe von zum Teil herausragenden Persönlichkeiten, die zuvor an der Spitze bedeutender Kultureinrichtungen gestanden waren, entwickelte sich eine riesige Organisation, für die zunächst 200 Arbeitskräfte eingestellt wurden – neben Schauspielern, Sängern und Instrumentalisten auch Bühnenarbeiter, Sekretärinnen, Logenschließerinnen und Gardobieren, Portiers, Nachtwächter, Boten und Angestellte der schnell wachsenden Mitgliederorganisation. Danaben gastierten zusätzliche Schauspieler, Musiker, Vortragende und Dirigenten.

Bereits am 1. Oktober 1933 hatte der *Kulturbund* über 10 000 Mitglieder; kurz, nachdem die Gründung des *Kulturbunds* (nur) der jüdischen Öffentlichkeit bekanntgegeben worden war, hatten sich über 2000 stellungslose Künstler beworben. Im Dezember 1933 hatte sich die Mitgliederzahl verdoppelt und erreichte im Frühjahr 1936 mit 20 000 Mitgliedern ihren Höhepunkt. Der Besuch der Konzerte, Opern, Theaterstücke oder Vorträge war nur nach Vorlage eines Mitgliedsausweises mit Bild erlaubt; für einen Beitrag von 2,50 RM wurden zwei Veranstaltungen pro Monat geboten. In den ersten zehn Monaten wurden allein 403 Veranstaltungen angeboten. Der Jahresumsatz im Spieljahr 1933/34 betrug 600 000 RM. Ein Teil dieser Gelder floß in den »jüdischen« Wirtschaftssektor, wenn Maler-, Tischler- u.a. Arbeiten vergeben wurden. Es stellte sich bald heraus, daß die Mitgliedsbeiträge – trotz niedriger Gagen und Gehälter – nicht ausreichten. Unterstützt wurde der *Kulturbund* von der Jüdischen Gemeinde Berlins, der *Reichsvereinigung*, der *Zentralwohlfahrtsstelle* und anderen jüdischen Instanzen. Der *Kulturbund* unterhielt in seiner Blütezeit drei Schauspielensembles, eine Oper, zwei Symphonieorchester, eine Kleinkunstbühne, ein Theater für die jüdischen Schulen, mehrere Chöre, Kammermusikgruppen. Außerdem wurden Vorträge und Kunstausstel-

lungen angeboten. So gab es manchmal täglich mehrere Veranstaltungen – Matinéen, Konzerte, Theateraufführungen.

Zunächst war der *Kulturbund* als Wirtschaftshilfe gedacht, es gab in den Anfängen noch kein dezidiertes kulturelles Programm. Er war ein Mittel der Arbeitsplatzbeschaffung, der finanziellen, aber zunehmend auch geistigen Überlebenshilfe, in einigen Fällen auch ein Nadelöhr, durch das Künstler ins Ausland entkommen konnten.

Die erste Premiere des Kulturbund-Theaters am 1. Oktober 1933 setzte ein Signal: man spielte Lessings »Nathan der Weise«. Mit diesem programmatischen Auftakt wurde auch der Berliner Uraufführung des Stücks 150 Jahre zuvor gedacht. Für die Nazis war dies kein Jubiläum. Lessing stand für das Bekenntnis zu Toleranz, Humanität und den Anspruch auf europäische Kunst, das entsprach der noch wenig präzisierten Linie der ersten zwei Jahre des *Kulturbunds*. Auch auf der Gegenseite formten sich die Ansichten über das, was Juden lesen oder auf die Bühne bringen durften, erst mit den Jahren. Shakespeare, Molière und auch Johann Strauß waren erlaubt, Schiller wurde 1934, Goethe und die gesamte deutsche Klassik erst 1936, Beethoven 1937 verboten.

Der Besuch öffentlicher Theater war Juden zwar bis 1938 noch gestattet, aber abgesehen vom ideologisch bereinigten Spielplan mußte jeder, der als Jude erkannt wurde, mit Pöbeleien und Gewalttätigkeiten rechnen. Die Abende im *Kulturbund* waren für die meisten »Juden« die einzig verbliebene Möglichkeit, mit Gleichgesinnten oder überhaupt mit Menschen, vor denen sie keine Angst haben mußten, zusammenzukommen; auch dadurch entstand eine Gemeinschaft. Der *Kulturbund* bot nicht nur kulturelle und geistige Nahrung, die sonst kaum mehr zu genießen war, ihm wuchs auch die Rolle zu, auf Sinn- und Identitätsprobleme Antworten zu finden.

Spielwiese und Falle

Auch andere kulturelle Einrichtungen, die teils noch weiterarbeiten konnten, teils neu gegründet wurden, bekamen durch den *Kulturbund* Impulse und Ermutigung. Die *Mittelstelle für jüdische Erwachsenenbildung* bot vor allem Vorträge an, durch sie wurden im Herbst 1934 zwei und 1935 ein weiteres Lehrhaus gegründet. Auch der *Museumsverein*, landsmannschaftliche und religiöse Vereinigungen und Frauenverbände boten Veranstaltungen an. Neben und in Ergänzung zu Sprach- und Ausbildungskursen wurde im Rahmen der Jugendverbände und von der Jüdischen Gemeinde versucht, ein kulturelles Programm für die Jugend zu gestalten, bis 1936 vom *Reichsverband der Jüdischen Kulturbünde* und der Schulverwaltung der Jüdischen Gemeinde ein eigenes »Theater der jüdischen Schulen« entstand, das Weltliteratur und jüdisches Gedankengut durch die Verknüpfung von Lehr- und Spielplan an die Schüler herantrug.

Die Theater- und Musikarbeit (von Opern über Konzerte bis zu Gesang und Tanz) des *Kulturbunds* war der imposanteste Beweis der Selbstbehauptung. Daneben gab es aber auch Ausstellungen und eine Kleinkunstbühne – in Schwänken und Kabaretts machten sich jüdische Zuschauer und Schauspieler am Abend noch über die eigene miese Lage lustig. Die Filmarbeit wurde erst nach dem Novemberpogrom zu einem makaber wichtigen Tätigkeitsbereich des *Kulturbunds*, als kaum sechs Wochen nach dem Brand der Synagogen endlich die Filmbühne eröffnet werden durfte.

Aufführung »Die Geschwister« 1935, als man im Kulturbund Goethe noch spielen durfte, mit Ruth Reimer und Fritz Wisten. Wisten, bald Leiter der Schauspielgruppe des Kulturbunds, überlebte in Berlin und leitete 1946 bis 1954 das Theater am Schiffbauerdamm, 1954 bis 1962 die Volksbühne in Berlin-DDR.

Auch in der Provinz hatten sich verschiedene Kulturbund-Organisationen gebildet, die allerdings je nach örtlichen Gegebenheiten mit mehr und weniger großen Schwierigkeiten zu kämpfen hatten, weil keineswegs alle Parteiinstanzen für Hinkels »großzügige« Haltung den Juden gegenüber Verständnis hatten. Als verschiedene jüdische Kulturorganisationen im April 1935 einen Dachverband der Kulturbünde ins Leben riefen, wurde dieser Zusammenschluß zwar genehmigt, aber kurz darauf verfügt, daß sämtliche jüdische Kultureinrichtungen diesem Dachverband angehören mußten. Künstlerisch betätigen durften sich fortan nur noch eingeschriebene Mitglieder des *Reichsverbandes der Jüdischen Kulturbünde*, die sich ausweisen mußten. Auch hier wurde die Assoziation zur deutschen Kultur gelöscht, der *Kulturbund deutscher Juden* mußte in *Jüdischer Kulturbund* in Deutschland umbenannt werden. Der Versuch der Gestapo, einen nationaljüdisch orientierten Zionisten zum Vorsitzenden des Reichsverbandes zu machen, scheiterte allerdings am Widerstand der Kulturbund-Vertreter.

Den Nazis lag nicht daran, die vielfarbige Palette künstlerischer, intellektueller und politischer Anschauungen systematisch auf ihr Braun zu reduzieren, in ihr Konzept paßte eine innerjüdische Gleichschaltung, deren wichtigstes Merkmal sein sollte, daß sie mit deutscher Kultur nichts zu tun hatte. Neben der vor 1933 unbedeutenden jüdischen Presse, die nun zum Forum der Diskussion über jüdische Kultur wurde, war vor allem der *Kulturbund* der Ort, an dem die innerjüdische Auseinandersetzung um Trennendes und Gemeinsames unter den Juden, aber auch im Verhältnis zur nicht-jüdischen Bevölkerung weiterging. Dabei war die Frage, was denn eine jüdische Kultur sei, das immer wiederkehrende Thema in Artikeln, Reden oder Berichten von Theateraufführungen. Die Debatte wurde in den vorangegangenen 150 Jahren und auch noch unter den Bedingungen des Dritten Reichs von sehr gegensätzlichen Positionen aus geführt. Während vor allem die SS und die Gestapo daran interessiert war, auch im wachsenden jüdischen Selbstverständnis ein Mittel sah, Juden das Leben in Deutschland zu verleiden und sie zur Auswanderung zu bewegen, wurde der Streit über Zionismus und Assimilation, Deutschtum und Judentum in den jüdischen Zeitungen weitergetrieben. Die Anhänger des *Centralvereins* wehrten sich dagegen, im Land ihrer Väter als »nationale Minderheit« zu leben, und die Anhänger des *Reichsbunds Jüdischer Frontkämpfer* beriefen sich darauf, daß sie den Boden der Heimat mit ihrem Blut gedüngt und mit ihren Leibern verteidigt hätten. In heftigen Polemiken wurde gegen die »Konjunktur« jüdischer Themen opponiert für eine europäische Kultur gestritten und die Organisierbarkeit von Kultur angezweifelt.

Auch für die Programmgestalter des *Kulturbunds* war es schwierig, aus der breiten Palette jüdischen Selbstverständnisses eine Gemeinsamkeit zu konstruieren. Ob »jüdische Kultur« durch jüdische Autoren

1937 fand im Logenhaus, organisiert
vom Frauenbund, eine Ausstellung
statt. Damit wurde vor allem solchen
Juden, die wenig über jüdische Bräu-
che, Feiertage und Religion wußten,
Nachhilfe gegeben. Die Bilder wurden
u.a. im Jüdischen Familienblatt
(25. März 1937) abgedruckt, die Redakteure rissen sich gleichsam um solche Bilder, um areligiöse Juden mit
den Gebräuchen ihrer Vorfahren vertraut zu machen.

oder durch Autoren jüdischer Abstammung, durch die jüdische Tendenz eines Stückes, jüdische Stoffe oder jüdische Formen, durch jiddische, hebräische und verbotene Literatur repräsentiert werde, war Thema heftiger Kontroversen.

Während die einen fieberhaft nach Werken suchten, die »in ihrem innersten Wesen« jüdisch waren, wollten andere den Gefahren der Ghettoisierung entkommen. Zugleich wuchs das Bedürfnis, in der jüdischen Gemeinsamkeit moralischen Halt zu finden, und nicht nur Zionisten begrüßten eine Hinwendung zum Judentum. Die meisten befürworteten die Rückkehr ins Judentum, nichts ins Judenland. Je nach politischer Richtung und Lebensweise wurde der Gedanke, in Palästina eine neue Heimat zu finden, entweder gänzlich verworfen oder mit unterschiedlichen Inhalten gefüllt.

In der Diskussion um den Spielplan trat die Frage, was die Stücke mit der Situation der Juden in Deutschland zu tun hätten, mehr und mehr in den Vordergrund; aber es war nicht nur eine autonome Entscheidung des *Kulturbunds*, daß man sich verstärkt um jüdische Stücke und jüdische Probleme zu kümmern begann – auch die Reglementierung im Sinne einer »Ent-Deutschung« des Spielplans wurde schärfer. Ins Repertoire wurden jiddische und hebräische Werke aufgenommen, die Resonanz blieb jedoch gering.

Auch im *Kulturbund* war das Wechselspiel zwischen jüdischer Selbstbehauptung und zunehmender Erfassung der Juden letztlich tödlich. Der noch innige Glaube, daß Kunst nur dem Humanismus verpflichtet wäre, der Wille zu überleben und die eigene Würde zu verteidigen, Loyalitäts- und Pflichtbewußtsein verführten die Musik- und Theaterfreunde weiterzumachen. Die Mörder und die Nazis in den Büros wußten dies für ihre Zwecke zu nutzen.

Der *Kulturbund* war für die Nationalsozialisten mehr als nur ein Aushängeschild und Propagandatrick, er erleichterte ihnen auch, all jene Künstler und Intellektuellen unter Kontrolle zu bekommen, die nicht in den Zwangsorganisationen erfaßt waren, und all die ehemaligen Rechtsanwälte, Hochschullehrer oder anderen Beamten zu erfassen, die nach ihrer Entlassung versucht hatten, im Kulturbetrieb Geld zu verdienen.

Auch der Kulturgenuß der »nicht-arischen« Christen, wurde von den Nazis genau geregelt. Aus dem *Paulus-Bund*, in dem die »nicht arischen« Christen organisiert waren, wurden 1937 alle christlich getauften »Voll- und Dreivierteljuden« ausgegliedert, er wurde zur *Vereinigung 1937 der nicht vollblütigen deutschen Reichsbürger.*

Ähnlich geschickt, wie es den Nationalsozialisten gelungen war, insbesondere die sinnlichen und ästhetischen Momente der Arbeiter- und Jugendbewegung für ihre Zwecke umzuformen, benutzten sie den Glauben an die Überzeugungskraft der Kunst. Erst mit dem Wissen um die spätere Entwicklung war erkennbar, daß auch diese Form der Selbstbehauptung den Zugriff der Nazis erleichtert und manchen bewogen hat, die Gefahr zu unterschätzen.

Im Gegensatz zu ehemaligen Nationalsozialisten haben viele überlebende Juden nach 1945 ihre Schuldgefühle bekannt – Schuldgefühle, weil sie überhaupt überlebt haben und weil sie möglicherweise dazu beigetragen haben, daß Leute, denen es noch möglich gewesen wäre zu fliehen, in Deutschland blieben. Die Entwicklung war nicht absehbar, und die vielen Aktivitäten, die Tausenden das Rückgrat stärkten, waren unter anderem Ausdruck dafür, wie selbstverständlich viele Juden sich als Teil der deutschen Gesellschaft fühlten, wie absurd für sie die Vorstellung war, daß in ihrem so geschätzten Deutschland der Nationalsozialismus mehr als eine vorübergehende Periode sein könnte.

In der gleichen Sitzung, in der – wenige Tage nach dem November-Pogrom – den Repräsentanten des *Kulturbunds* mitgeteilt wurde, daß Juden künftig keine öffentlichen Theater, Kinos, Konzerte und Kabaretts besuchen dürfen, erfuhren sie auch, daß der Reichsminister für Propaganda befahl: »Der Jüdische Kulturbund hat mit sofortiger Wirkung seine Tätigkeit wieder aufzunehmen.« Das Spiel mußte weiterge-

»Regen und Wind« von Hodge, mit Lilli Kaun und Alfred Berliner. Die Schauspieler wurden für diese Aufführung im November 1938 aus dem KZ entlassen

100

hen. Auf Befehl Hinkels wurden Schauspieler und Regisseure, die in der Pogromnacht verhaftet und in Konzentrationslager verschickt worden waren, zu diesem Zweck freigelassen.

In den ersten Jahren hatten die Nazis mit der Existenz des *Kulturbunds* der ausländischen Öffentlichkeit vorführen können, daß Juden ihre Kultur pflegen durften. Ab November 1938 war, vielleicht weil sowohl das Ausland als auch die deutsche Bevölkerung sich die antisemitische Politik ohne größere Widerstände ohnehin gefallen ließen, der *Kulturbund* nicht mehr Aushängeschild, er wurde zu einem Instrument in Hinkels Griff.

Personen

Gräfin Mariza	Friederike Sara Frey-Waldmann
Fürst Moritz Dragomir Populescu . .	Gerhard Israel Pechner
Baron Koloman Zsupan, Gutsbesitzer aus Varasdin	Alfred Israel Berliner
Komtesse Lisa Endrödy-Wittenburg	Lilo Sara Ebstein
Fürstin Bozena Cuddenstein zu Chlumetz	Jonny Sara Borée
Baron Karl Stefan Liebenberg	Hanskarl Israel Rosenberg
Bela Török, Gutsverwalter	Paul Israel Schwarz
Tschekko, Haushofmeister bei Mariza	Walter Israel Ries
Penizek, Kammerdiener der Fürstin Cuddenstein	Theophil Israel Menu
Manja, eine Zigeunerin	Ruth Sara Adler
Berko, ein junger Zigeuner	Fritz Israel Grünne
Ilka v. Dambössy	Helene Sara Cohn (Körner)

Dorfkinder . . . .
- Edith Sara Cibulsky
- Lucie Sara Lehmann
- Roselotte Sara Lehmann
- Gabriele Ruth Sara Lehrhaupt
- Marion Sara Marvilsky
- Helga Sara Pincus
- Georg Israel Pisarek
- Ruth Sara Pisarek
- Günther Israel Spingarn
- Inge Wolken

Solo-Tänzerinnen: Erika Sara Michelson — Hedi Sara Kaufmann — Ruth Sara Mandus

Gäste, Herren, Damen, Tänzerinnen aus dem Tabarin, Zigeuner, Bauernburschen und Mädchen

Der erste Akt spielt im Schloßpark der Gräfin Mariza, der zweite und dritte im Schloß

Bühnenbild.: **Josef Israel Rosner**. Techn. Leit.: **Max Israel Rosen**
Kostüme: **Hanna Sara Litten**

Tanzeinstud.: **Erika Sara Michelson — Hedi Sara Kaufmann**
Bühnendienst: Emil Berisch

Am 1. Januar 1939 wurde der *Reichsverband der Jüdischen Kulturbünde* aufgelöst und durch den *Jüdischen Kulturbund in Deutschland e.V.* ersetzt, der den Verlags- und Zeitungssektor mit einschloß und »in konzentrierter Form alle jüdischen Kulturaufgaben« durchzuführen hatte – ein Zwangsverband, der auch das »Jüdische Nachrichtenblatt« herausgab, das bis 1943 erschien und zuletzt nur noch die Aufgabe hatte, die antijüdischen Verordnungen zu publizieren. Die Kunst garnierte noch den Tod. Als die deutschen Truppen in Prag einmarschierten, wurde als letzte Oper des *Kulturbunds* »La Traviata« aufgeführt, während der Vorbereitung des Überfalls auf Polen gab es Fodors »Märchen von der Gerechtigkeit«. Im Spielplan für das Jahr 1939/40 standen Werke von Shakespeare, Goldoni und Scholem Alejchem.

Es war die letzte volle Spielzeit des Kulturbund-Theaters, das Haus in der Kommandantenstraße wurde nach Kriegsbeginn geschlossen, Aufführungen fanden im kleinen Vortragssaal weiter statt. Drei Wochen nach Kriegsbeginn begann die Filmbühne wieder zu spielen. Die letzte Theater-Premiere war Molnars »Spiel im Schloß« am 9. August 1941. Das Stück wurde noch einmal gespielt: in Theresienstadt.

Am 11. September 1941 wurde der *Kulturbund* verboten und sein Vermögen beschlagnahmt. »Jüdisches Nachrichtenblatt« und Buchvertrieb wurden eine Abteilung der *Reichsvereinigung der Juden in Deutschland*. Die letzten Mitarbeiter wurden, wie alle anderen Angestellten jüdischer Institutionen, zu Hilfsdiensten bei den Vorbereitungen der Deportation gezwungen. Der letzte Leiter des *Kulturbunds*, Martin Brasch, starb im KZ Oranienburg. Sein Vorgänger, Dr. Werner Levie, wurde in Holland verhaftet, erlebte noch die Befreiung, starb aber einen Monat später an Flecktyphus. Kurt Singer, der Initiator des *Kulturbunds* wurde von den Nazitruppen in seinem Zufluchtsort in Holland eingeholt und starb 1944 in Theresienstadt. Viele der Schauspieler und Regisseure, die nicht rechtzeitig oder nicht weit genug geflohen waren, endeten in den Vernichtungslagern.

Was damals unter Zwang zu einer »jüdischen Kultur« geworden war, überlagert bis heute das Bild von Deutschen jüdischer Herkunft, wenn die problematische, durchaus unklare Bezeichnung »jüdische Kultur« gedankenlos, wenn auch gutgemeint, in Gedenk- und Feiertagsreden verwendet wird.

In den Vorstellungen von einer jüdischen Kultur wird konserviert, was unter den Bedingungen des Nationalsozialismus zur genuinen Eigenschaft einer »jüdischen Rasse« erklärt wurde. Die Bilder von Theateraufführungen, Vorträgen und Konzerten aus der Zeit von 1933 bis 1940 provozieren heute noch beim Betrachter den (heimlichen) Schluß: so schlimm kann es nicht gewesen sein.

Zwischen gutgemeinter philosemitischer Romantik und Schuldgefühlen gegenüber der winzigen Jüdischen Gemeinde, die wegen des Geno-

*Die Reste des jüdischen
Friedhofs in der Großen
Hamburger Straße, 1948*

zids von der Solidarität mit Israel und einer Gemeinsamkeit der Trauma-
tisierten geprägt ist, blühen neue Varianten des Klischees von der ho-
mogenen Gemeinschaft. So ist auch die kritische Debatte zwischen assimilierten und jüdisch-nationalen, orthodoxen und liberalen, konservativen und linken oder liberalen Deutschen jüdischer Abstammung mit
der Vernichtung der Juden untergegangen.

Mancher, der als Politiker, Philosemit, Konvertit oder Nachkomme
assimilierter Eltern eine jüdische Identität beschwört, ahnt nicht, wie
sehr er ein Bild aufnimmt, das von den Nazis mitgeformt wurde.

Abraham
Pisarek

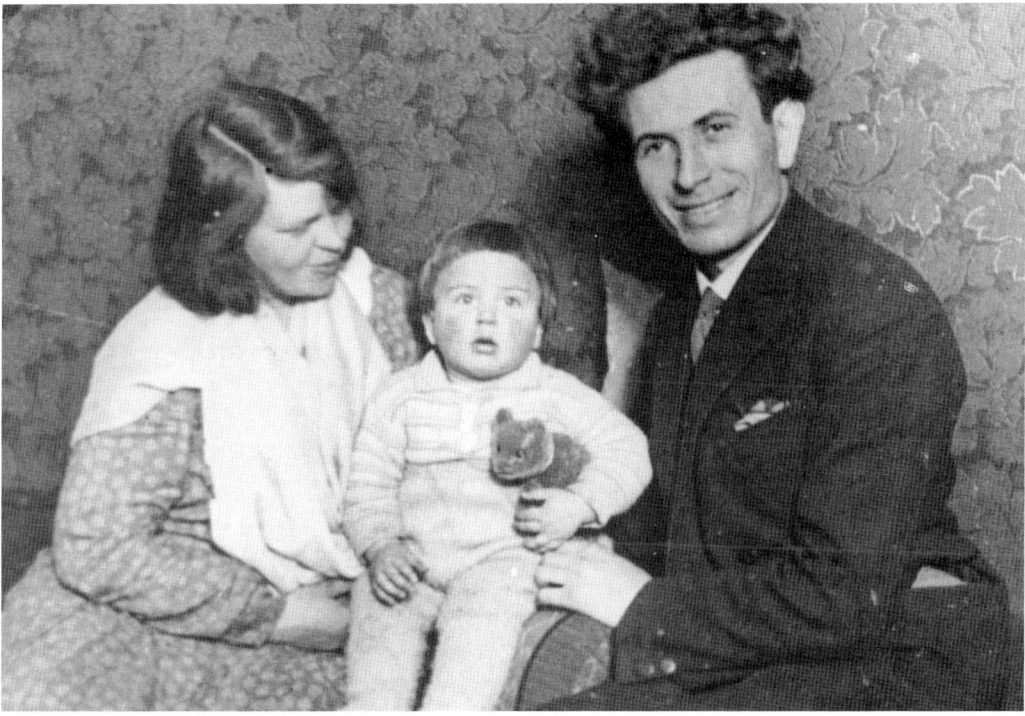

Abraham Pisarek war ein Mensch mit einer großen Ausstrahlung, voll Herzlichkeit, Wärme und Güte. Er wurde 1901 in Przedborcz bei Lodz geboren und wuchs in einem frommen Elternhaus auf. Als junger Mensch war er voller Enthusiasmus und voller naiver Ideale. Er engagierte sich noch in Polen in den jugendlichen sozialistisch zionistischen Kreisen. Er war aber auch voll brennenden Eifers für alle Wissenschaft und Kunst. Er las unendlich viel, er rannte ins Theater auf die billigsten Stehplätze, er wollte alles lernen. 18-jährig kam er nach Deutschland auf der Suche nach einem Beruf und nach Arbeit. Er wanderte weiter nach Palästina, wollte dort ein Chaluz (Pionier) sein. Die Malaria trieb ihn zurück nach Berlin. Er fing gerade an, sich als Pressefotograf einen Namen zu machen, da war mit dem Jahr 1933 eine Arbeit für die deutsche Presse für einen Juden nicht mehr denkbar. Sein Versuch, nach Amerika auszuwandern, mißlang. An dem Tag, als er das Visum abholen sollte, war die amerikanische Botschaft wegen des Kriegsbeginns geschlossen worden. So fotografierte er den Alltag, die erlaubte und erzwungene Kultur, die Sportveranstaltungen und Hilfseinrichtungen der zum Untergang bestimmten Jüdischen Gemeinde in Berlin und machte, wo immer er konnte, Aufnahmen für die Jüdische Presse, bis auch sie 1941 verboten wurde. Er überlebte als Zwangsarbeiter in Berlin, weil er in einer sogenannten »Mischehe« lebte. In den Jahren der Verfolgung war er in der Zwangsarbeit einer, der seinen Leidensgenossen immer wieder Mut machte, Hoffnung, Glauben ans

Ruth Gross über ihren Vater

Abraham Pisarek beim Retouchieren eines Fotos des Kulturbund-Schauspielers Fritz Grünne.

Grünne spielte noch in der letzten Premiere des Kulturbundes »Spiel im Schloß« im August 1941 mit. Kurz darauf nahm

er sich mit seiner jungen Frau das Leben, um der bevorstehenden Deportation zu entgehen.

106

Überleben und an die Unzerstörbarkeit des Judentums zu vermitteln vermochte. Auch uns Kindern gab er diesen festen Glauben mit in der Zeit, als wir den Stern tragen mußten.

Aber er war, entsprechend dem meist verkannten oder bewußt mißdeuteten Sinn und Inhalt der jüdischen Religion, die ihn in seiner Kindheit geformt und ein Leben lang nicht losgelassen hat, kein Mann der Rache und

Vergeltung. So konnte er auch nach dem Krieg in diesem Land weiterleben und für Verständigung zwischen den Menschen wirken.

Am ersten Tag nach der Befreiung ging er mit seiner von Freunden für ihn versteckten Leica los und fotografierte das zerstörte Berlin. Seine Leidenschaft für das Theater machte ihn für die nächsten Jahrzehnte zum Theaterfotografen.

*»Er kam aus der Armut in Lodz –
und als er, 1919, in Deutschland ankam, war das ein armes Land. Er
ging nach Palästina, 1924, da war
das ein Stück Wüste, umkämpft –
und als er malariakrank wieder in
Deutschland landete, 1928, war das
wieder ein armes Land. Er blieb, als
es noch ärmer und kränker wurde –
und ab 1933 gehörte er zu den Verfemten und Gehetzten. Er war zwar
schon namhafter Photograph – aber*

*seine nichtjüdische Frau mußte ihn
Woche für Woche aus den Händen
der Greifer retten: Abraham Pisarek,
einer der bedeutendsten deutschen
Theaterphotographen, ohne dessen Ar-
chiv man sich die Theatergeschichte
des Nachkriegs-Berlin nicht veran-
schaulichen könnte: Gründgens als
Mephisto und die Weigel als Mutter
Courage, Ernst Busch als Azdak und
Eduard von Winterstein wie Ernst
Deutsch als Nathan; als Brecht zu-*

*Nachruf von
Fritz J. Raddatz,
Tod eines Photographen,
Die Zeit Nr.19 vom
16. Mai 1983*

Ruth Gross mit ihrem
Bruder in der Gipsstraße,
1938

108

rückkehrte und als Thomas Mann
Weimar besuchte, begrüßt von Johan-
nes R. Becher: 'Photo Abraham Pisarek' stand allemal unter den Aufnahmen. Er starb am 24. April mit 81
Jahren in Berlin – und bevor sich
die kleine Gemeinde auf dem jüdischen Friedhof im Grunewald die

Käppchen aufsetzte und das letzte
Kaddish gesprochen war, hatte seine
Tochter Ruth in einer Geste verlore-
ner Trauer die Summe seines Lebens
gegeben: Sie holte aus einer Mappe je-
nen kleinen Stoffetzen, der 'Der gelbe
Stern' hieß, hielt ihn an ihr Kleid
und sagte: 'Der ist echt.'

Ruth Gross über ihren
Vater

Zu den Fotoaufnahmen, die unser
Vater für die jüdischen Zeitungen in
Berlin machte, sind wir oft mitge-
nommen worden. Darum sind wir
auch auf so vielen Bildern zu finden:
als ganz kleine Kinder bei den Festen
im Spielkreis der BZV (Berliner Zionistische Vereinigung), in der
Brückenstraße (Nähe Jannowitz-
brücke), im Kindergarten Grolman-
straße, im Kinderheim Ahawa in der
Auguststraße, auf den Sportplätzen
im Grunewald und bei den Proben

im Jüdischen Kulturbund in der
Kommandantenstraße.
Für die Auswanderungsanträge
brauchte jeder viele Paßfotos. Bei uns
zu Hause gab es immer Berge von
Fotos, die zu beschneiden, sortieren
und in kleine Tütchen zu stecken waren. Die ganze Familie war in die
Fotografenarbeit des Vaters einbezo-
gen. In dem schmalen Badezimmer,
das zwischen Wohnungstür und Küche gleich rechts neben dem Eingang
lag, hatte er auf der Badewanne sein

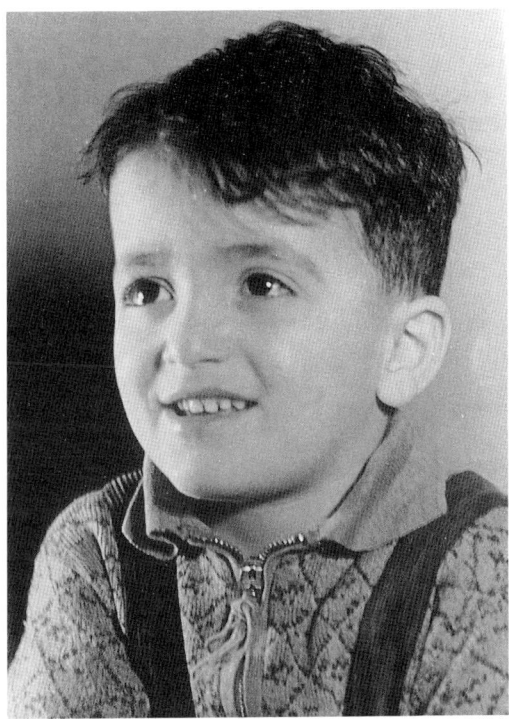 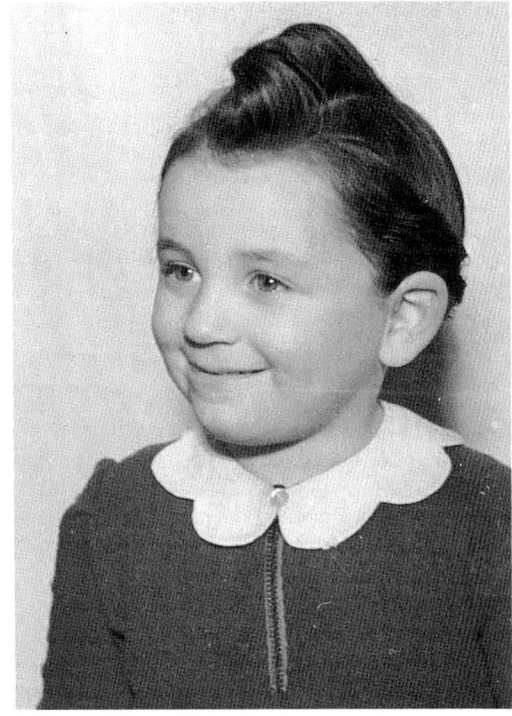

Fotolabor improvisiert. Ich baute mir
um die Toilette herum ein Verdunk-
lungsgehäuse für eine Stehlampe, damit ich meinem Vater, während er arbeitete, die Zeit mit Vorlesen verkür-
zen konnte. Dabei las ich ihm alberne
Geschichten von Hunden und Katzen
vor, die ihn sicher überhaupt nicht in-
teressierten. Manchmal merkte ich es
wohl auch und hörte mit dem Vorlesen auf. Dann sang er seine traurigen
Liedchen in Jiddisch oder Hebräisch
von dem Lehrer im Cheder oder von
dem armen Schuster:
Oifm Pripitschik brennt a Feierel, in
der Stieb is heiß,
sitzt der Rebbenju mit seine kleine
Kinderlach, lernt Alef Beis.
Oder
Hemerel, Hemerel klapp, bis morgen
muß fertig schoin sein, dem Gewieres
Techterleins Schiech.

In unserer Wohnung in der Oranienburger Straße verdichtete sich die Atmosphäre der Zeit und Umwelt,
durch die sie geprägt war und deren
Wandel sie wiedergab. Sie fand ihren
Ausdruck in Gesprächen ebenso wie
in den nicht ausgesprochenen Gefüh-
len und Ängsten, durch die Menschen, die zu uns kamen, Freunde,
Bekannte, berufliche Besuche, d.h.
Leute, die zum Anlernen kamen wie
zum Fotografieren (später nur noch
wegen Paßfotos), durch die Gegen-
stände, die meine Mutter erst mühsam angeschafft hatte, um die un-
freundlichen Räume wohnlich zu machen, später durch das Fehlen der
Dinge, die das Haus verließen, durch
die Bücher, die mein Vater in Men-
gen anbrachte als Bezahlung für seine
Fotoarbeiten, meist deutsche Klassiker
von den emigrierenden Bekannten.

*Oranienburger Straße,
um 1938*

Im Zentrum des alten Berlin – zwischen der Friedrichstraße und dem Hackeschen Markt gelegen, war die Oranienburger Straße, einst eine repräsentative Straße, mit Straßenbahnschienen und großen alten Bäumen an jeder Seite, breiten Bürgersteigen und großen Mietshäusern aus dem Ende des vorigen Jahrhunderts, mit Kneipen, Cafés, Läden aller Art, Postämtern, dem S-Bahnhof und der großen Synagoge, inmitten eines lebhaften, dicht bevölkerten Stadtviertels. Wir sind 1936 dorthin gezogen, in das Haus Nr. 37, Hof, Seitenflügel, 4 Treppen. Das Treppenhaus war so eng, daß der Umzugstrupp gleich am 1. Absatz mit unserem Klavier die

Scheiben zerdepperte und kaum um die Ecke kam. Dieser Umzug aus einer sonnigen Wohnung mit Zentralheizung und Warmwasser in einem beinah noch ländlichen Vorort in eine altmodische kalte Wohnung mit Ofenheizung geschah nicht freiwillig. Die Primus-Heimstätten-Gesellschaft, Bauherr und Verwalter der Neubausiedlung »Weiße Stadt« in Reinickendorf, hatte uns gekündigt, da sie ihren Mietern nicht mehr zumuten konnte, mit Juden in einem Haus zu wohnen.

Wir zogen also in die »Stadt«, in die Nähe der Jüdischen Gemeinde und in ein Viertel, in dem viele Juden wohnten und viele Einrichtungen der

Gemeinde in nächster Umgebung waren: Synagogen, Schulen, Kindergärten, das jüdische Museum, die Bibliothek, das Rabbinerseminar, die Hochschule für die Wissenschaft des Judentums und ein jüdisches Krankenhaus. Ich begann dort in die Schule zu gehen, natürlich eine jüdische. Mein zwei Jahre älterer Bruder war noch in Reinickendorf in der dort nächstgelegenen allgemeinen Grundschule eingeschult worden, aber schon nach kurzer Zeit flog er von der Schule, weil man auch da keine Juden mehr haben wollte.

Das Herzstück des ganzen Viertels, in dem Straßenstück zwischen Artillerie- und Krausnickstraße in der Oranienburger Straße gelegen, das wichtigste und schönste Bauwerk, das mit seinen goldenen Kuppeln in den Himmel ragte, das war die große Synagoge, genannt »Die Neue Synagoge«, erbaut in der zweiten Hälfte des vorigen Jahrhunderts (geweiht 1866) von Eduard Knoblauch im maurischen Stil. Eine wunderschöne Synagoge, die an jedem Feiertag in herrlichem Glanz erstrahlte und immer viele Besucher anzog.

Später, als alles andere verboten war, wurden dort auch Konzerte und Versammlungen abgehalten. (Der Brand des Novemberpogroms hatte sie nur wenig beschädigen können, es kam später ein größerer Bombenschaden dazu. Aber da gab es schon keine Juden mehr, die sich dort hätten versammeln können.)

Über dem Portal stand in goldenen Lettern: »Pitchu schearim wejabo goj zadik schomer emanim – Öffnet die Tore und es komme ein gerechtes Volk, Hüter des Glaubens.« Von den Freunden und Bekannten verabschiedete man sich mit einem »Gut Jontif« und der immer wiederkehrenden Beschwörungsformel »Meschiach wird kommen« – Ausdruck des besonders

in Not- und Verfolgungszeiten trostreichen Glaubens an die einstige Ankunft des Messias.

Am Morgen nach der Kristallnacht ging mein Vater mit mir an der Synagoge vorbei, auf dem Bürgersteig lagen Berge von zusammengekehrten Scherben, Bibeln und Gebetbüchern. Ich wollte eines davon aufheben, weil es eine Sünde ist, solche Bücher in den Dreck zu werfen, aber mein Vater zog mich erschrocken zurück. Ich konnte es nicht fassen – ich war damals sieben Jahre alt. In der Schule hatte man uns beigebracht, daß man ein heiliges Buch, wenn es versehentlich vom Pult gefallen war, küssen mußte, gleichsam um das Buch, in dem Gott wohnte, um Verzeihung zu bitten. Hier lagen sie im Dreck und mein Vater selbst hinderte mich daran, etwas zu ihrer Rettung zu tun. Er kannte die Gefahr, die um uns herum lauerte, während ich erst langsam zu begreifen begann. Mein Vater wollte bei diesem Gang Augenzeuge sein, nicht nur der Verwüstungen, sondern vor allem der Reaktionen der nichtjüdischen Bevölkerung. Genauso wie später, Weihnachten 1941, als wir alle – mit Ausnahme meiner Mutter – den Judenstern am Mantel hatten und er mit uns in den Weihnachtsgottesdienst in die Sophienkirche in der Großen Hamburger Straße ging, nur um zu sehen, wie die Christen reagieren würden. Ein Kirchendiener stürzte auf uns zu, um uns eiligst hinauszuwerfen. Andere Reaktionen blieben aus; jeder schaute weg oder ging seiner Wege, so als sei dieser Hinauswurf oder der vorsätzliche Brand einer Synagoge etwas ganz Normales in einer mitteleuropäischen Großstadt des 20. Jahrhunderts.

Unser Haus hatte einen hochgewölbten Torbogen als Eingang und ein repräsentatives Vorderhaus mit einer schönen breiten Treppe. An dem

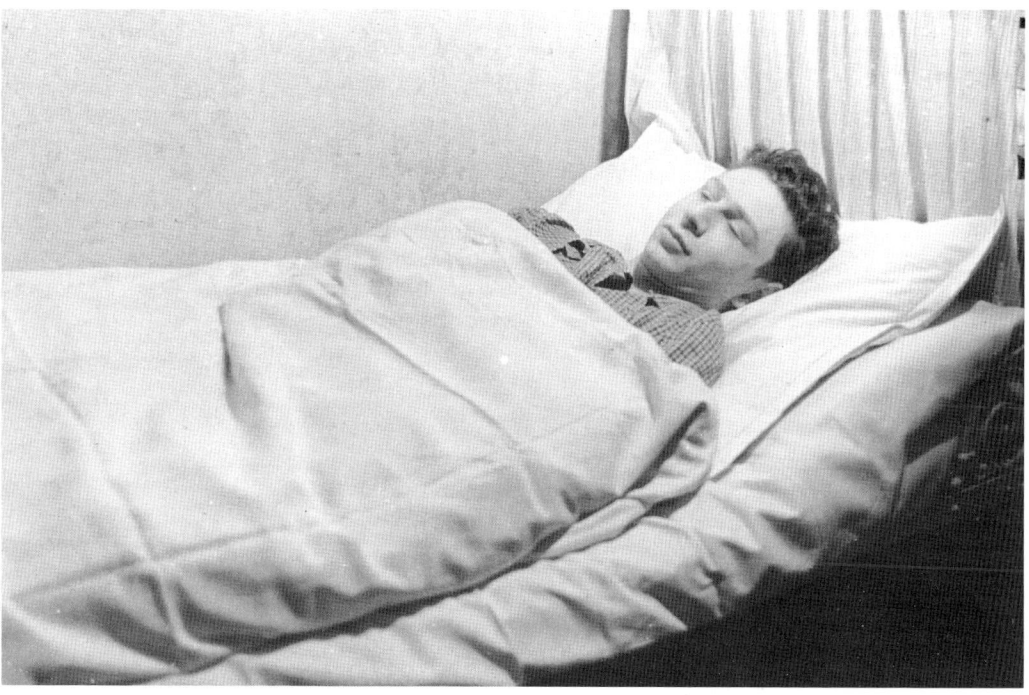

Durchgang zum Hof lag rechts eine
Kellerwohnung für den Hauswart,
vor dem hatten wir immer Angst. Er
war auch später Blockwart und Luft-
schutzwart. Neben dem Eingang war
eine Apotheke und eine große runde
Uhr. Der Apotheker Dr. Priemer war
auch der Hausbesitzer. Ich erinnere
mich an die erbitterten Diskussionen,
die meine Mutter mit ihm führte,
weil es in der Küche zog und wir anfangs nur einen riesigen alten Kachel-
herd zum Kochen hatten.
Dr. Priemer war geizig, aber er war
kein Antisemit, und er war nicht un-
freundlich.
In unserem Haus lebten noch drei jüdische Familien (von ca. 30 Mietpar-
teien), eine wohnte uns gegenüber im
anderen Seitenflügel, Familie Koninski wohnte unter uns und ein Ehepaar
im Hinterhaus parterre. Irgendwann
waren wir die letzten, die alte Frau
Koninski und ihr Sohn konnten noch

auswandern und sich verabschieden.
Die anderen zwei Familien waren eines Tages fort – wie alle anderen.
Im Haus Nr. 40 oder 39 wohnte eine
jüdische Familie, die hatte neben jüngeren Kindern einen 17jährigen
Sohn, der oft zu uns kam, weil er bei
meinem Vater fotografieren lernen
wollte. Wir hatten ihn sehr gern,
machten uns aber auch ein bißchen
lustig über ihn. Weil er so viel und
schnell redete, nannten wird ihn
»Quasselstrippe«. Eines Tages kam er
völlig verstört zu uns. Die Gestapo
hatte gerade seine Familie abgeholt
und die Wohnung versiegelt. Er war
im Treppenhaus, konnte sich verber-
gen und wußte nicht, was tun. Helfen konnte er nicht, denn es gab keine Hilfe. Abschiednehmen konnte er
nicht, er hätte nur Mitgehen können.
Das Verborgenbleiben in diesem Moment der akuten Gefahr barg wenigstens die Illusion eines Verschont-

bleibens, war sicher nur eine kurz
dauernde Illusion.
Vielleicht blieb er eine Nacht bei uns,
ich weiß es nicht mehr. Wirklich helfen konnten wir ihm nicht. Wo hätten wir ihn verstecken sollen, da wir
selbst dauernd vor einer Haussuchung
zitterten und jedes harmlose Klopfen
uns aufschreckte?

Im Haus Nr. 31 ging ich viel ein
und aus: dort befand sich ein Kinderhort mit einer Kinderlesestube. Nach
der Schule trafen wir uns dort mit
vielen anderen Kindern. Schlimm
war das Ruhegebot in den Räumen.
Im Leseraum durfte man gar nicht
reden, in den Spielzimmern, wo wir
besonders gern Halma spielten, mög-

lichst gedämpft. Sehr attraktiv war der Nachmittagskakao, den wir in großen Henkeltassen bekamen mit einer Schnecke dazu, die auf jeder Tasse lag. Ich habe dort viel herumgeschmökert, man durfte allein in den Bücherschränken kramen.
An der Ecke Auguststraße gab es einen großen Bücherladen, vor allem für Schulbücher, dort ging ich manchmal hin. Ein paar Häuser weiter war ein ganz kleiner und dunkler Bücherladen, ein Antiquariat. Hinter dem

Laden lag zum Hof hinaus die Wohnung des Buchhändlers. Er hatte eine Tochter Elfriede, die etwas älter war als ich. Wenn wir bei ihr mit anderen Kindern spielen wollten, mußten wir leise durch den vollgeräumten Bücherladen hindurch. Wir saßen dann auf einem dunkelroten Plüschsofa mit Spitzendecke auf der Lehne und sahen auf den schummrigen Hof. Irgendwie erschien mir das Mädchen Elfriede besonders anziehend, aber nachher kannte sie mich nicht mehr.

Das kleine Straßenstückchen vom Haus Nr. 41, wo meine Freundin Erika Hecht wohnte, bis zur Post und zur S-Bahn-Treppe und über die Artilleriestraße bis zur Synagoge und zur Kinderlesestube war das Pflaster meiner Kinderjahre. In dem inneren Zirkel, eng um unser Wohnhaus her-

um, änderte sich der Charakter von Pflaster und Luft mit der fortschreitenden Zeit: zunächst spielten wir dort, in wechselnden Gruppen von Kindern, Hopse und Triesel und liefen Rollschuh.
Später – nachdem ich in die Schule ging, also ab Frühjahr 1937, blieb ich

Das
Pflaster
meiner
Kinderjahre

nicht mehr auf der Straße. Da ging man nur noch irgendwohin, wo andere jüdische Kinder waren. Die Straße war nicht mehr so harmlos und so freundlich. Man saß nicht mehr auf dem Pflaster, am Rinnstein oder auf den Treppen, man blieb nur noch stehen, um mit einem Bekannten zu reden. Oder wenn wir warteten – später, immer abends, an der S-Bahn auf unseren Vater oder ich allein im September 1939 auf die Polizei, die kam, um unseren Vater zu verhaften. (Abraham Pisarek galt als Engländer, weil er durch seinen vierjährigen Aufenthalt als Chaluz in Palästina von 1924-1928 einen britischen Mandatspaß hatte. Die Nazis sind deshalb anfangs noch vorsichtig mit ihm umgegangen. Später war der Paß nicht mehr gültig, die Familie Pisarek damit »staatenlos«.) Unsere Mutter war mit uns Kindern an der Ostsee, als der Krieg ausbrach. Wir bekamen ein Telegramm von unserem Vater, daß wir mit dem nächsten Zug zurückkommen sollten. Am Stettiner Bahnhof erwartete er uns. Wir fuhren mit der S-Bahn nach Hause. Ich wurde beauftragt, auf der Straße vor unserem Haus auf- und abzugehen, um aufzupassen, ob ein oder zwei Polizisten in Richtung auf unser Haus zukämen. Dann sollte ich sofort angerannt kommen. Ich bekam Geld für eine Tüte Weintrauben – an der Ecke war ein Obstwagen – die habe ich also gegessen und aufgepaßt. Nach kurzer Zeit kamen wirklich zwei Polizisten, ich raste durch den Hof und die vier Treppen hinauf. Ich dachte, mein Vater würde sich jetzt auf dem Boden oder auf dem Dach verstecken. Fassungslos war ich, als er meiner Mutter schnell noch ein paar Papiere gab, seine Aktentasche, in der etwas Wäsche war, griff und den Polizisten entgegenging. Sie waren schon tags zuvor dagewe-

sen, um ihn abzuholen, hatten bei der Nachbarin, Frau Pietsch, nach dem Engländer gefragt und einen Zettel durchgesteckt, er habe sich sofort auf dem Revier zu melden. Frau Pietsch, eine alte Kommunistin und eine sehr anständige Frau, hatte nur gesagt: Hier gibt's keinen Engländer und dann meinen Vater gewarnt. Daraufhin hatte er uns das Telegramm geschickt, hatte die Nacht auf der S-Bahn verbracht und jeden möglichen Zug aus Stralsund abgepaßt, damit er uns noch sehen konnte. Die Polizisten nahmen ihn in die Mitte und brachten ihn zum Polizeirevier. Ich war gerade acht Jahre alt geworden, wie sollte ich das begreifen. Wir fuhren mit der Straßenbahn nach Reinickendorf zu Tante und Onkel, weil meine Mutter Angst hatte, in die leere Wohnung zu gehen. Von dieser ersten Verhaftung kam mein Vater nach 14 Tagen wieder zurück.

Auf dem Pflaster vor unserem Haus sehe ich mich auch um meinen Vater und einen Bekannten herumhopsen, um etwas von ihrem leisen Gespräch aufzuschnappen. Meistens war es Herr Hecht, der Vater meiner Schulfreundin Erika, der bei der Gemeinde arbeitete. Es war da einmal von einem mißglückten Attentat auf Hitler die Rede, zuerst kam sogar ein Gerücht auf, es sei geglückt. Aber das war nur ein ganz kurz und grell aufzuckendes Gefühl von etwas unglaublich Phantastischem – was es gar nicht geben konnte – und ja auch nicht gab – bis zum bitteren Ende. Dann gab es ein Geflüster von Gaswagen, als schon die ersten Deportationen nach Osten abgegangen waren. Auch da standen wir auf diesem Pflaster in der Oranienburger Straße. Als die Eltern zu Hause in der Küche darüber sprachen, wurde ich hinausgeschickt.

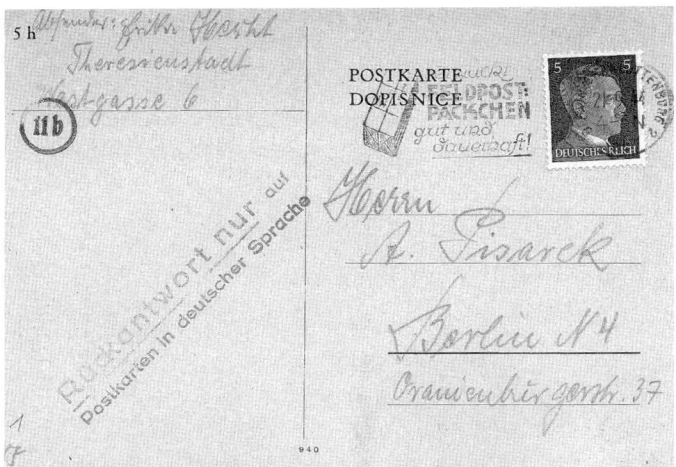

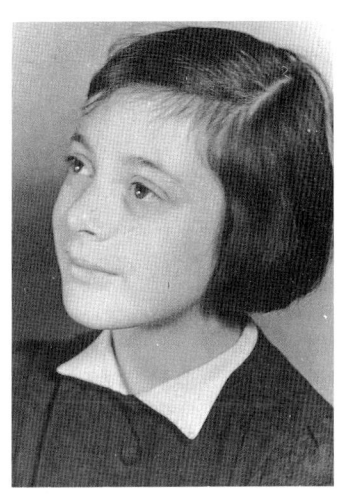

Die Familie Hecht, die neben uns in der Oranienburger Straße wohnte, war aus Rastatt nach Berlin gekommen in der Hoffnung auf größere Sicherheit in der Großstadt. Sie gehörte zu den letzten jüdischen Familien, die 1943 noch in Berlin waren. Herr Hecht hatte im Ersten Weltkrieg ein Bein verloren und eine Auszeichnung erhalten. Sie glaubten lange, dadurch geschützt zu sein. Ich war oft bei meiner Freundin Erika. Ihre Mutter, Karoline Hecht, war eine immer freundliche, warmherzige Frau, rundlich, korpulent, wie man damals sagte, mit dunklen welligen Haaren. ... Ich erinnere mich an die große Wohnung im 2. Stock links im Vorderhaus, an die besorgten Gespräche über die berufliche Zukunft der beiden älteren Schwestern. Die jüngste hieß Tanja – einer der erlaubten Namen für Juden. Die Familie Hecht mußte noch umziehen in eine Wohnung am anderen Ende der Oranienburger Straße, Nähe Hackescher Markt. Dort war ich noch ein- oder zweimal, dann stand ich vor der versiegelten Tür. Ich kam nach Hause und sagte »Bei der Erika ist die Wohnung versiegelt«. Nach 1945 kam Herr Hecht aus Theresienstadt zurück mit der kleinen Tanja, aus Auschwitz kamen Ruth und Erika. Mutter Hecht war in Theresienstadt, Tochter Eva in Auschwitz geblieben.

Erika war ein hübsches Mädchen, hatte blaue Augen und einen dunklen Bubikopf. Erika überlebte Auschwitz, weil sie sich bei der Selektion, obwohl erst 13jährig, als 16jährige ausgegeben hatte und dadurch in das Arbeitslager kam. Als sie 1945 zurückkam, war sie sehr verändert. Ich war eine Verschontgebliebene und sie konnte mit mir gar nichts anfangen. Mit ihrer älteren Schwestern Ruth wanderte sie nach Amerika aus.

Anfangs bekamen wir aus Theresienstadt von der Familie Hecht noch offene Postkarten mit der Bitte um Pakete. Wir haben auch einige geschickt. Da wir selbst wenig hatten, ging ich mit der Karte zu unserem Lebensmittelladen, es war ein kleiner Laden den zwei Brüder betrieben, beide klein und rund. Sie kannten uns schon lange und kannten auch die Familie Hecht. Die gaben uns wiederholt ein paar Päckchen Knorr-Suppe zum Mitschicken.

> 8. 8. 44.
>
> Liebe Frau und Herr Pisarek, lb. Rutchen u. Georg! Wir wundern uns sehr, daß Ihr uns ganz vergessen habt. Ihr könnt uns doch jede Woche Post schicken. Euer letztes Paket mit Gries und Mehl hat uns riesig erfreut. Besonders unserer Tana hat alles gut geschmeckt. Grüßet bitte Tante Sanne und Tante Goldmann Auguststr. 68. Wir erwarten recht bald und oft Post von Ihnen. Hoffentlich seid Ihr alle gesund. Unsere liebe Mutti ist sehr krank, auch Tana geht es noch nicht gut. Beide machen uns große Sorgen. Mit vielen Grüßen von meinen lb. Eltern und Geschwistern, bin ich Eure Erika Fuchs.

Dieser Laden hatte wie alle andern unter dem Schild über die Öffnungszeiten den Zusatz: Einkauf für Juden nur von 16-17 Uhr. Diese Verordnung war der Grund für einen Auftritt zwischen meinem Vater und der nazitreuesten Mieterin unseres Hauses: Ich kam mit einer Einkaufstasche aus unserem Haustor. Davor stand diese Frau, schräg über uns hing die große runde Uhr des Apothekers. Es war kurz vor 4 und sie sagte »Du darfst jetzt nicht einkaufen gehen, ich lasse Dich hier nicht raus.« Heulend lief ich nach oben und mein Vater zornbebend nach unten, niemand sollte wagen, seiner Tochter etwas anzutun. Die Frau fiel schimpfend über

Pjotr und Petja, Vater und Sohn. Zwei der etwa 300 000 Zwangsarbeiter, die allein in Berliner Industriebetrieben beschäftigt wurden.

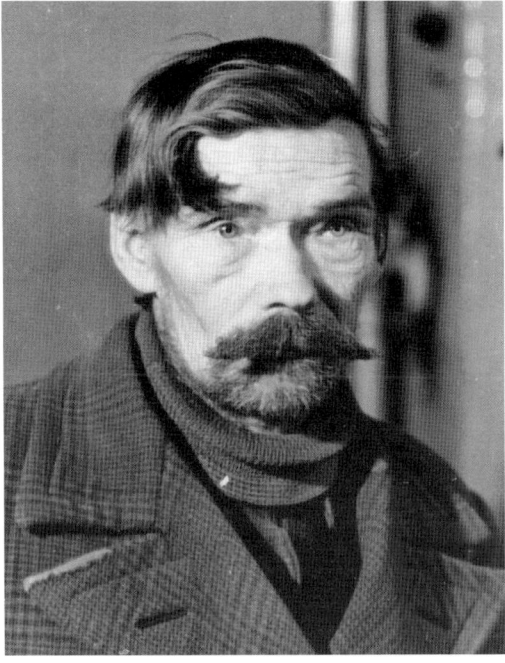 

ihn her und wollte ihm ins Gesicht schlagen. Mein Vater packte ihren Arm und hinderte sie daran. Die Szene spielte sich mittlerweile auf dem Hof ab, weil die Frau mir nachgelaufen war. Sie sei von einem dreckigen Juden tätlich angegriffen worden, keifte sie, und werde dies sofort bei der Gestapo melden. Eine andere Mieterin aus dem Vorderhaus hatte den Streit von ihrem Küchenfenster aus beobachtet. Ihr Mann war ein »hohes Tier« bei der Wehrmacht. Sie kam herunter und sagte, sie würde ebenfalls zur Gestapo gehen und erklären, daß die Frau eine Lügnerin sei. Auf diese Gegenüberstellung wollte es die Nazi-Frau nicht ankommen lassen.

In der Artilleriestraße war dieser kleine Milchladen, in dem wir immer einkauften, das waren wirklich sehr nette Leute, die auch mal ein Wort des Bedauerns über die schlimmen Zustände zu mir sagten. Gegenüber auf der anderen Straßenseite war ein Fleischerladen. Viel gab es da nicht und sowieso alles nur auf Marken. Einmal kam ein abgerissener Ostarbeiter herein (wieso er allein herumlaufen konnte, weiß ich nicht) und bat, daß man ihm etwas ohne Marken verkaufe, weil er Hunger habe. Er sprach ein paar Worte deutsch. Die Verkäuferin lehnte natürlich ab. Ich schob ihr nochmal meine Lebensmittelkarte hin (die mit dem roten Jot-Muster): für eine 50g Fleischmarke von mir sollte sie dem Mann Blutwurst geben (davon gab es die vierfache Menge). Sie sah mich erstaunt an, wickelte ihm aber die Wurst ein. Ich ging beschwingt und zufrieden mit mir nach Hause.

Sammelbüchsen für die Jüdische Winterhilfe werden im Büro der Jüdischen Gemeinde *abgeliefert (1939). Die Mädchen tragen phosphorisierende Broschen*

Gekennzeichnet

Anfang August 1941 ging ich mit einem jungen Mann auf dem Straßenstück von der Synagoge zur Ecke Artilleriestraße und er fragte mich, ob ich schon wüßte, daß wir jetzt alle einen Stern an der Kleidung tragen müßten. Ich sah ihn ungläubig von der Seite und von unten an, ich war viel kleiner als er, gerade zehn geworden und wollte wissen, ob das sowas sei wie die kleinen phosphoreszierenden Broschen, die wir etwa in Form von Pudeln oder Fischen wegen der Verdunkelung der Straßen an den Aufschlägen trugen. Kurz darauf lernten wir im Handarbeitsunterricht, den gelben sechseckigen Stern (schwarz auf gelbem Grund) fein säuberlich zu füttern und zu säumen. Mein 5. Schuljahr, 1941/42, war also das Jahr, in dem wir den gelben Stern trugen. Ich erläutere nicht gern

die Gefühle meiner Kinderjahre, weil man sie aus den Ereignissen und Erlebnissen ableiten kann, muß aber doch etwas klarstellen: wir haben uns nicht geschämt. Wir fühlten uns weder gedemütigt noch minderwertig. Ganz im Gegenteil: wir waren diejenigen, die auf der Seite des Rechtes und der Wahrheit standen. Die anderen waren es, die Böses und Unrecht taten. Und letzten Endes würde das Recht siegen. Wir fühlten uns wie die Maccabäer, die gegen eine Übermacht für ihren Glauben einstanden. Sicher sind wir als Kinder nicht allein auf diese Gedanken gekommen, sie wurden uns von den Eltern zu Hause und den Lehrern in der Schule mit auf den Weg gegeben. Es begleiteten uns wie eine Beschwörungsformel die Worte des 121. Psalms, die wir für eine der letzten Schulfeiern als Sprech-

chor einstudiert hatten: *Hine lo janum welo jischan, Schomer Israel. Siehe, er schläft und schlummert nicht, der Hüter Israels.* Aber wenn ich mir heute vorstelle – und ich stelle es mir oft vor – ich wäre damals eine Mutter gewesen und hätte meine Kinder, 10 oder 12 Jahre alt, mit diesem gelben Judenmal an der Kleidung auf die Straße und zur Schule gehen lassen müssen, dann weiß ich nicht, ob die Gedanken über die letzte Gerechtigkeit mir viel geholfen hätten. Sicher haben die Mütter damals noch mehr gelitten als die Kinder. Auf meinem Schulweg ging einmal eine Frau im S-Bahnhof am Zoo ganz dicht an mir vorbei, es war ja immer ein Gedrängel – und steckte mir unauffällig einen Riegel Schokolade zu. Ein andermal hielt mich ein Polizist auf der Joachimsthaler Straße an, weil beim Rennen (ich kam immer zu spät zur Schule) mein

Mantel aufflog. Er beanstandete, daß man dann meinen Stern am Mantel nicht sehen könne. Ich mußte den Mantel zuknöpfen.

Im Winter trug ich einen von meiner Mutter genähten dunkelblauen Mantel mit Pelzbesatz – sicher war es Kaninchenfell – und dazu einen hellen Muff an einer Kordel. Nun hatten Juden schon längst alle Pelze abliefern müssen, ebenso wie tausend andere Sachen, Schmuck, Silber, Radioapparate, Fahrräder, Schreibmaschinen, elektrische Haushaltsgeräte usw. Weil ich meinen Muff nicht hergeben wollte, nähte meine Mutter an die Kordel ein Wäscheband mit der Aufschrift: *Eigentum von Fr. Berta Pisarek.* Ich zitterte in diesem Winter 41/42 vor jedem Polizisten, er könnte mich wegen des Muffs neben dem Judenstern anhalten. Aber meinem Muff geschah nichts.

Ruth Gross (rechts) und
ihre Mitschülerin Rahel
mit einem hebräischen
Lesekasten

122

Schuljahre
in Berlin

*In meinem zweiten Schuljahr
1938/39 wanderten wir durch drei
Schulen und drei Stadtviertel, bedingt
durch die Schrumpfung der jüdischen
Bevölkerungszahl in Berlin. Wer irgendeine Möglichkeit fand, wanderte
aus, und sei es nach Südafrika oder
Chile. Einige Monate waren wir in
der Adass Jisroel-Schule in Sigmundshof, nicht weit vom S-Bahnhof Tier-
garten. Unser Direktor war Dr. Sina-
sohn, ein kleiner Mann mit einem
besonderen pädagogischen Charisma,
er war eine Autorität, alle liebten
ihn. In meiner Klasse saß ich neben
einem lustigen Mädchen, Rahel Schlesinger, ihr Vater Dr. Nachman Schlesinger war Lehrer an der Schule und
in jeder Klasse hatte er eines von seinen neun Kindern. (Dr. Schlesinger
wurde mit seiner Familie am 9. Dezember 1942 mit dem 24. Osttrans-*

*port nach Auschwitz deportiert.) Ich
erinnere mich an unsere Pausenspiele
auf dem großen Schulhof und an einen kleinen Laden gegenüber der
Schule, in dem man für 2 Pfg. aller-
hand Zuckerzeug bekam. Ende März
1939 wurde die Schule geschlossen,
sie wurde zusammengelegt mit einer
Knabenschule in der Kaiserstraße,
Nähe S-Bahnhof Alexanderplatz. Dort
waren wir nicht lange, dann kamen
wir in die Schule in der Rykestraße.
Dorthin fuhren wir mit der Straßenbahn vom Hackeschen Markt bis
zum Senefelderplatz. Ich habe immer
schrecklich gefroren an den Straßen-
bahnhaltestellen und auf dem langen
Weg, den wir außerdem noch zu laufen hatten. In der Rykestraße gab es
schon Schulspeisung, weil die Armut
unter den Juden durch den Verlust
der Arbeitsstellen und dauernde Son-*

dersteuern und Konfiskationen von
Hab und Gut erheblich zugenommen
hatte. Sehr oft gab es dicke Graupen-
suppe – wir nannten sie Kälberzäh-
ne. Auch wenn es mir nicht besonders schmeckte, wartete ich immer be-
gierig auf die Essenspause.
Mein viertes Schuljahr 1940/41 in
der jüdischen Mädchenschule brachte
mir viele Freundinnen und eine
wunderbare Lehrerin, Frau Martha
Berger. Sie war eine Frau in den
Fünfzigern, ziemlich dick, wir liebten
uns beide sehr. Sie lief nie in der
Klasse herum, sie saß immer hinter
ihrem Katheder, so erinnere ich mich
an sie. Sie unterrichtete bei uns
Deutsch, Heimatkunde und Englisch
– Englisch war schon für das vierte
Schuljahr eingeführt worden wegen
der Auswanderung. Bei Frau Berger
lernten wir auch Gedichte und Lieder, z.B. den Kanon: Es tönen die
Lieder, der Frühling kehrt wieder, es
spielet der Hirte auf seiner Schalmei.
Diese Schalmei war für mich der Inbegriff von Sommer, Schönheit, Sehnsucht...
In der Heimatkunde nahmen wir die
Mark Brandenburg durch, wir hatten
einen großen Sandkasten, in dem wir
den Flußverlauf von Havel und Spree
modellierten. Laut Beschluß der Nazis hatten all diese jüdischen Kinder,
deren Eltern, Großeltern und Urgro-
ßeltern schon in Berlin gelebt hatten,
kein Heimatrecht mehr in ihrer Hei-
matstadt. Auch sonst keine Rechte
mehr.
Ich habe Frau Martha Berger einmal
zu Hause besucht, nachdem ich diese
Schule verlassen hatte, um ins Gym-
nasium zu gehen. Ich holte mein Poesiealbum bei ihr ab. Beim Abschied

nahm ich mir ein Herz und tat etwas, worüber ich lange nachgedacht hatte, ob das wohl erlaubt sei. Ich reckte mich auf die Zehenspitzen und gab ihr einen Kuß. Da es schon das Jahr 1941 war, hatte auch sie keine Chance mehr, aus Deutschland herauszukommen, wie alle, die zu der Zeit noch da waren. Und da sie schon älter war, hatte sie auch sonst keine Chance, den bald darauf einsetzenden Deportationen und dem sicheren Tod zu entgehen. Ein trauriges Mädchen saß in unserer Klasse beim Religionsunterricht immer hinten, weil sie nicht daran teilnahm. Sie war evangelisch, aber da sie außerdem jüdisch war, durfte sie nicht mehr in eine christliche Schule gehen. In der Schule selbst fühlten wir uns sicher, aber davor schon nicht mehr,

denn gegenüber war eine deutsche Schule. Wir mußten aufpassen, um nicht mit den Kindern von drüben zusammenzustoßen. Sie riefen uns Schimpfworte nach und wurden auch mit den Kleineren handgreiflich. Ein Mädchen aus unserer Klasse hatte einen kleinen Bruder in der Grundschule. Der wartete jeden Tag in unserer Klasse, bis seine große Schwester, die auch erst zehn oder elf war, Schulschluß hatte, damit sie ihn auf dem Heimweg beschützen konnte. Wir hatten an dieser Schule Lehrer, die vorher an Hochschulen und Universitäten unterrichtet hatten. Jetzt waren sie mit unserem geschrumpften Häuflein von Kindern – von dreizehn jüdischen Schulen gab es nur noch die zwei in unserem Gebäude – die letzten, die bis zum endgülti-

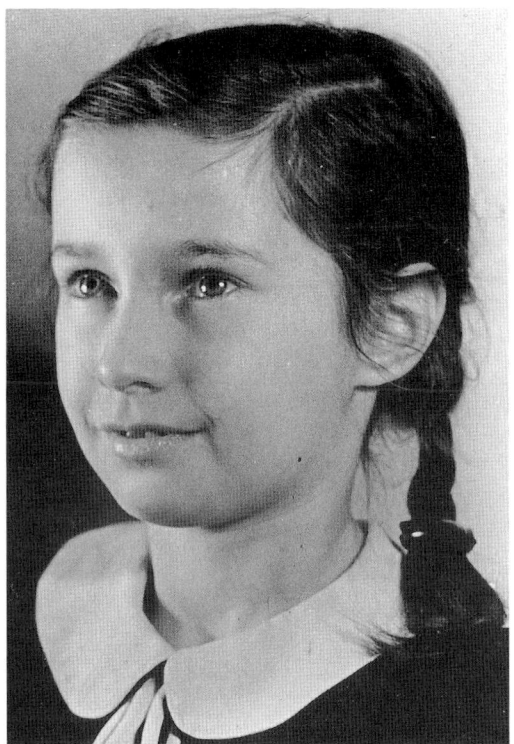 

gen Schließen der Schulen und der Hochschule für die Wissenschaft des Judentums ausharrten (Juni 1942). Zu der Zeit liefen schon die Deportationen. Immer wieder kam ein Kind und verabschiedete sich.

Eine meiner Freundinnen in der Mädchenschule war die kleine Thea Fuß. Sie knabberte an ihren Fingernägeln und war immer etwas unordentlich, aber in mein Poesiealbum malte sie viele wunderschöne Herzchen. Weil sie keine Eltern mehr hatte, lebte sie im Kinderheim Fehrbelliner Straße. Mit ihrer jüngeren Schwester Ruth wurden sie und die anderen Kinder des Kinderheims 1942 nach Auschwitz deportiert.

Mirjam kam aus einer deutschen Kleinstadt. In einem Gebäude neben der Schule gab es ein von der Ge-

meinde notdürftig eingerichtetes Flüchtlingsheim, dort wohnte sie mit ihrer Mutter in einem großen Raum mit anderen Leuten zusammen. In dem Raum standen nur Hochbetten mit grauen Decken und für jeden ein Stuhl oder Hocker. Ich besuchte sie dort manchmal, wir saßen dann zusammen auf ihrem oberen Bett und sie erzählte mir von ihrem früheren Zuhause.

Meine Hauptfreundinnen waren die Zwillinge Ruth und Regina, beide sehr hübsch, temperamentvoll, unternehmungslustig, aber auch schon sehr ernst für ihr Alter. Sie lebten wie die kleine Thea im Kinderheim, weil ihre Mutter gestorben und der Vater in Amerika war, es gelang ihm nicht, sie nachzuholen. 1942 landeten sie beide im Deportationssammellager in

der Großen Hamburger Straße. Der arischen Großmutter gelang es in letzter Minute, sie da herauszuholen. Sie überstanden die nächsten Jahre versteckt, natürlich ohne in die Schule gehen zu können. Heute leben sie in Israel und besuchen manchmal ihren alten Vater in New York.

Als ich die Mädchenschule verließ, beschlossen meine Mutter und ich, eine Abschiedsfeier für meine Freundinnen zu geben. Zu diesem Fest trafen wir große Vorbereitungen, es gab Tischkarten und Geschenke für jeden und einen geschmückten Tisch mit richtigem Kuchen. Ich hatte sehr viele Puppen, jetzt nähten wir neue Kleider für sie und jede meiner eingeladenen Freundinnen bekam eine Puppe als Geschenk, Erika eine im Matrosenanzug. Ich erinnere mich an ein schlankes großes Mädchen, Anneliese, mit langen Zöpfen. Eines Tages kam sie in die Schule und berichtete, sie würden am nächsten Morgen abgeholt werden und kämen in ein Ghetto in Polen. Sie seien froh, daß ihr größerer Bru-

der noch nicht bei diesem Transport dabei sei. Dann könnten sie ihm schreiben, was er vielleicht Wichtiges noch bringen könnte. Wir sagten ihr alle Auf Wiedersehen.

In der Klasse meines Bruders waren zwei Kinder, die wir nach dem Krieg wiedertrafen, ein Mädchen, Jutta, und der Primus der Klasse, Siegbert. Ich erinnere mich an ein Geburtstagsfest meines Bruders, wir hatten Kuchen gebacken und zuviel Salz hineingetan. Auch Siegbert war da, den wir immer Dicker nannten. Deswegen beklagte er sich bei mir und ich war glücklich über das Vertrauen, das er der kleinen Schwester seines Freundes schenkte und ich sollte nicht mehr »Dicker« zu ihm sagen. Als er uns 1945, nach drei Jahren Verstecktsein in Berlin, wiederfand, stand er als ein hochgeschossener blasser, dünner Junge vor unserer Tür, so transparent wie ein Blatt Pergamentpapier. Seine Mutter war mit ihm untergetaucht. Der Vater wurde 1938 verhaftet und 1942 erschossen. Eine Mitschülerin hatte ich besonders

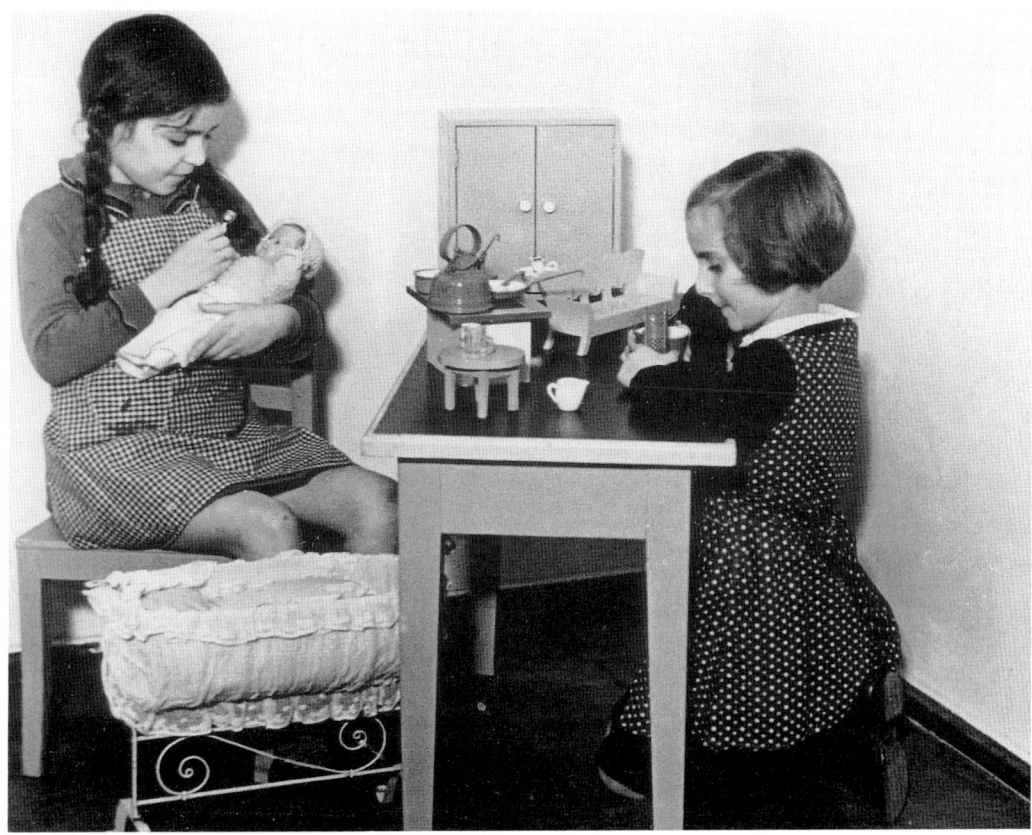

gern und bewunderte sie, weil sie so
klug war. Sie war erst neun Jahre alt
und hatte in der Grundschule eine
Klasse übersprungen. Sie hieß Eva
Kozower, ihr Vater Philipp Kozower
war Rechtsanwalt und spielte eine
Rolle in der Gemeinde. Sie wohnten
am Hackeschen Markt und ich war
öfter bei ihnen. Auch bei meiner ersten Kindergesellschaft, zu der Eva
eingeladen hatte. Wir spielten Pfän-
derspiele, wobei wir alle im Kreis saßen und einer hinausgeschickt wurde.
Ihr Cousin, der auch in unserer Klasse war, gab mir da meinen »ersten
Kuß« – es gehörte zum Spiel. Ende
1942 hatte Eva einen 2. Bruder bekommen, Uri, für den noch eine Be-
schneidungsfeier gemacht wurde.

Knapp drei Monate später, als ich sie
wieder einmal besuchen wollte, stand
ich vor der versiegelten Tür. Ich erinnere mich sehr genau daran, wie ich
damals die Treppen herunterschlich.
Eva Kozower war die letzte von meinen jüdischen Freundinnen, die aus
meinem Blickfeld verschwand. Nicht
aus meinem Leben.

Bei der sogenannten »Fabrikaktion«
am 27. Februar 1943 wurden ca.
7000 Juden, die sich in Berliner Betrieben in Zwangsarbeit befanden,
morgens früh kurz nach Arbeitsbe-
ginn in den Fabriken verhaftet.
Alle Juden mußten auf den Fabrikhö-
fen antreten und wurden dann auf
offenen Lastwagen abtransportiert in

*Wohlfahrtsamt der
Jüdischen Gemeinde,
Rosenstraße 2. Hier
waren die Opfer der*

*»Fabrikaktion« vom
27. Februar bis 6. März
1943 inhaftiert.*

128

4 Sammelstellen: 2 Kasernen, das
Konzerthaus Clou und in das Ver-
waltungsgebäude der Jüdischen Gemeinde Rosenstraße 2. Die »arisch
Versippten«, d.h. die in »Mischehe« lebenden Juden, darunter auch unser
Vater, wurden in der Rosenstraße
eingesperrt. Sie wurden in den kleinen Räumen zu so vielen einge-
pfercht, daß nicht einmal Platz war,
um auf dem Boden zu sitzen. Aus
dem Krankenhaus Iranische Straße,
das noch funktionierte, hat man Kü-
bel mit Wassersuppe zu ihrer notdürf-
tigsten Ernährung herbeigebracht,
denn sie blieben dort viele Tage. Die
meisten der bei dieser Aktion Verhaf-
teten wurden anschließend deportiert.
Aber mit den arisch Verheirateten in
der Rosenstraße geschah etwas Merk-

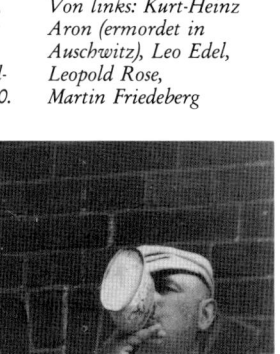

*Jüdische Zwangsarbeiter,
beschäftigt beim Bau des
Luftschutzkellers der
Gemeindeschule Richard-
Wagner-Straße, Juli 1940.*

*Von links: Kurt-Heinz
Aron (ermordet in
Auschwitz), Leo Edel,
Leopold Rose,
Martin Friedeberg*

würdiges. Sie wurden zum großen Teil wieder entlassen und kamen wieder in Zwangsarbeit. Unser Vater erschien am frühen Morgen des 6. März zu Hause, mager, unrasiert, übernächtigt, aber mit einem Entlassungszettel. Gleich anschließend mußte er sich auf unserem Polizeirevier melden. Seit Kriegsbeginn mußte jeden Dienstag auf der Meldestelle des Reviers seine Anwesenheit beglaubigt werden.

Was war der Grund für diese Entlassungen? Man hätte doch die Leute nicht zu verhaften brauchen, wenn man sie nach ein paar Tagen wieder in dieselben Lebensumstände zurückentlassen wollte.

Vom Morgen des 28. Februar an und dann alle Tage, solange die Männer dort eingesperrt waren, versammelten sich um das Haus in der Rosenstraße

Dutzende von arischen Frauen und Kindern, gingen schweigend auf und ab, starrten das Haus an, sprachen leise miteinander.

Nachdem wir an dem 27. Februar vergeblich an der S-Bahn Oranienburger Straße auf unseren Vater gewartet hatten, war mein Bruder zu der Fabrik gefahren, die er natürlich verschlossen fand. Irgendjemand dort erzählte ihm aber von dem Abtransport der Juden am Morgen und bis zum Abend wußten wir, daß sie in der Rosenstraße waren. Wir hatten ja kein Telefon mehr, also fuhren wir mit der S-Bahn zu verschiedenen betroffenen Frauen, die wir kannten. Und so sagte es eine der anderen weiter.

Wir wurden immer wieder von Polizisten von der Straße vertrieben, aber wir kamen immer wieder. Die Frauen verteilten sich in den angrenzen-

den kleinen Straßen und nach einer Weile waren sie wieder da. Wir gingen mehrmals am Tage dorthin und immer trafen wir Frauen an, die auch dort standen. Manchmal wurden wir bei dem »Ordner« in Zivil, der vor der Tür des Hauses stand, ein Stullenpäckchen los. Ich habe meinen Vater hinter einem Fenster entdeckt, er hat mit dem Zettelchen gewinkt, das wir zu den Broten getan hatten. Sie waren also angekommen. An der Ecke war eine Litfaßsäule, an der stand ich immer, denn von dort konnte ich genau das Fenster beobachten, hinter dem manchmal mein Vater zu sehen war. Wenn wir von dem Platz verscheucht wurden, konnte ich mich an der Litfaßsäule immer länger halten, weil die Polizei nicht von allen Seiten kam. Sie wollten offensichtlich mit dem Vertreiben der

Frauen kein zusätzliches Aufsehen erregen.

Nachts nach den Fliegerangriffen, die gerade zu der Zeit sehr heftig waren, gingen wir auch zur Rosenstraße, um zu sehen, ob das Haus noch stand. Solange die Menschen dort waren, passierte nichts. Heute steht das Haus nicht mehr. Es wurde bei einem späteren Fliegerangriff zerstört.

Diese Demonstration der Angehörigen von »Mischlingen« war der einzige öffentliche Protest gegen Deportationen, den es in Deutschland gab.

Sehr oft kam zu uns Hans Rewald, ein Graphiker, der viel mit meinem Vater zusammenarbeitete: bei Foto-Collagen und Werbeprospekten für die Jüdische Winterhilfe und Programmen für den Jüdischen Kulturbund. Herr Rewald war ein Mann

Jüdische Volksschule
Auguststraße, 2. Klasse *Davor in der vorderen*
1937. Der Lachende *Schulbank mein*
Junge rechts ist Fritzchen. *Bruder Georg*

von Mitte Dreißig. Er hatte zurückge-
kämmte braune Haare mit tiefen Ge-
heimratsecken, er war lebhaft, ein-
fallsreich und humorvoll, auch gern
ein wenig bissig. Über einen Berufs-
kollegen und Namensvetter, von des-
sen Kunst er gar nichts hielt, sagte er,
den könne man nur Hinweisschilder
malen lassen: Toilette links! In der
traurigen und trostlosen Stimmung,
die bei den Gesprächen jener Zeit
zwangsläufig den Raum füllte und
sich auch auf uns Kinder übertrug,
fand er immer wieder einen Spaß, ei-
ne freundliche Wendung und löste
damit die Beklemmung auf. Wir bei-
de liebten uns sehr. Er schrieb mir
Briefchen, wobei er extra Fehler
machte, damit ich sie entrüstet ver-
bessern konnte. In mein Poesiealbum
schrieb er »Humor ist, wenn man
trotzdem lacht« und malte einen la-

chenden Kaktus daneben. Auf die er-
ste Seite, auf die ich oben geschrieben
hatte: »Dieses Buch ist meine Zier, je-
den Klex verbiet ich mir« kleckste er
kräftig drauf, malte auf den Klecks
mit weißer Tusche ein jämmerliches
Gesicht und schrieb darunter »Ver-
dammt, meine Feder war wie ver-
hext, jetzt hab ich Dir doch was hin-
geklext«. Beim Sortieren der alten Fo-
tos habe ich plötzlich eines von ihm
in der Hand, im Mantel, den Hut in
der Hand, meiner Mutter Adieu sa-
gend, freundlich, wehmutsvoll, be-
herrscht. So ging er fort. Von seinem
Cousin erfuhr ich, daß er nicht über-
lebt hat.
In der Krausnickstraße, auf der lin-
ken Straßenseite, wohnte unser
Freund Fritzchen. Das war ein lusti-
ger rotgelockter Junge. Er wohnte mit
seinen Eltern in einer schönen Woh-

PURIM

Gebt doppelt

JÜDISCHE WINTERHILFE
DER JÜDISCHEN GEMEINDE ZU BERLIN
POSTSCHECK-KONTO: 934 46

nung im Vorderhaus, in der es ein eigenes Zimmer für Fritzchen gab. Bei
ihm zu Hause ging es sehr streng zu,
d.h. er mußte immer zu einer bestimmten Zeit pünktlich zu Hause
sein. Einmal hatten wir ihn überre-
det, länger zu bleiben. Weil er dann
so ängstlich war, ging ich mit ihm zu
seiner Mutter, um ihr zu sagen, daß
es nicht seine Schuld war. Es half
aber nichts, er bekam eine Strafe: seine Würstchen wurden eingewickelt
und mir mitgegeben, er bekam nur

das Brot als Abendessen. Später wurde die Familie mit Fritzchen deportiert. Und da hat er in seinem kur-
zen Leben nicht einmal die Wiener
Würstchen haben dürfen...
Obwohl er so wohlerzogen war, es
hat alles gar nichts genützt.
In der Großen Hamburger Straße
wohnte meine Freundin Elli Spielmann, ein zartes kleines Mädchen
mit kurzgeschnittenen hellbraunen
Locken. Ihre Mutter war sehr ängstlich und hantierte immer mit Nivea-

*Creme für die Hände oder die ver-
schnupfte Nase. Sie kochte einen ganz
besonders feinen Griesbrei und spielen
konnte man dort auch besonders
schön. Eine Ecke des Zimmers war
mit Schnüren und Stoffbehängen in eine begehbare Puppenstube verwandelt,
da verkrochen wir uns mit unseren
Puppen und fühlten uns herrlich geborgen. Vater Spielmann handelte mit
Stoffen, vielleicht hatte er deshalb Beziehungen nach England. Er schaffte es
noch vor dem Krieg, mit seiner Familie nach Birmingham zu gelangen.*

*Später wurde die Große Hamburger
Straße Synonym für Deportationen.
Das große Jüdische Altersheim, das
sich dort befand, neben der von*

*Moses Mendelssohn gegründeten Schu-
le und vor dem ältesten jüdischen
Friedhof Berlins (auf dem Moses Mendelssohn begraben ist), wurde zum
Sammellager und Sitz der Gestapo.
Als es noch Altersheim war, ließ der
Pförtner uns manchmal – wenn wir
versprachen, sehr gesittet zu sein –
durch den Hausflur auf den kleinen
alten Friedhof. Dort spazierten wir
zwischen den verwitterten Grabstei-
nen mit den hebräischen Buchstaben,
unter den alten Bäumen und zwischen den hohen Mauern der angrenzenden Häuser. Auch das war so ein
Platz, an dem wir uns geborgen füh-
len konnten. Verschont von fremden
Blicken. Darum ging ich oft dorthin.*

Auswandern und
Auswanderungsversuche
Österreich

Plädoyer für
die Aufnahme
von Flüchtlingen

Sie haben sich nicht wie Lämmer zur Schlachtbank führen lassen, jeder einzelne von ihnen hat einen zermürbenden Kampf geführt, unzählbare Briefe sind an Komitees, auch nur entfernte Bekannte im Ausland, an Botschaften und internationale Organisationen geschickt worden, um Visa zu besorgen, Bürgen zu finden, Geld überweisen zu lassen. Einer war über 45, der Altersgrenze für Palästina-Transporte, und wurde deshalb immer wieder abgewiesen, ein Mädchen mit 16 war zu jung für die Arbeitserlaubnis, zu alt, um in einer ausländischen Schule unterzukommen, der dritte kam wegen eines Herzfehlers nicht durch die ärztliche Prüfung, die Auswanderer absolvieren mußten. Sie alle hatten, bevor sie − immer noch in dem Glauben, die Deportationen führten »nur« in ein Arbeitslager −, abtransportiert wurden, einen deprimierenden Kampf, oft schon Lageraufenthalte, Gefängnis, Stiefeltritte, die Zerstörung ihrer Existenzgrundlage hinter sich, hatten die Verhaftung der eigenen Kinder oder Eltern mitansehen müssen.

Österreich begrüßte die Besatzer mit Jubel, selbst die Führung der Nationalsozialisten hatte nicht mit solchem Freudentaumel der Bevölkerung gerechnet. »Während in Deutschland die ersten Opfer der Nazis die Linksparteien waren − Sozialisten und Kommunisten −, sind es in Wien die Juden, die in erster Linie unter dem revolutionären Angriff der Nazis zu leiden haben. In 14 Tagen ist es gelungen, die Juden einem unendlich härteren Regime zu unterwerfen, als es in Deutschland in einem Jahr erreicht wurde.« (New York Times, 23. März 1938)
   Die Ausschreitungen, Plünderungen und Demütigungen waren hier besonders gemein. Auch Zeugen, die schon die Naziherrschaft in Berlin

erlebt hatten, waren erschüttert über die Intensität der Exzesse in Wien. Der bodenständige Antisemitismus bedurfte nicht des pseudolegalen Scheins; was im »Altreich« über Jahre vorbereitet worden war, wurde hier sofort in die Tat umgesetzt. Spezifisch für Wien waren die Plünderungen auf eigene Faust, die offiziellen und die »wilden« kommissarischen Verwalter, die sich Firmen von Juden oder solchen, die sie dafür hielten, aneigneten. Zu den besonderen »Volksbelustigungen« zählte das »Reiben«: jüdische Männer und Frauen, Jugendliche und Alte wurden unter dem Jubel der Bevölkerung gezwungen, die Parolen gegen den Anschluß mit Scheuerbürsten von den Gehsteigen zu entfernen. Schon vor der in Österreich am 20. Mai verlautbarten Einführung der Nürnberger Rassengesetze wurden Juden aus dem Staats- und Gemeindedienst entlassen, aus Schulen, Hochschulen und Universitäten verdrängt, aus der Privatwirtschaft und den freien Berufen ausgeschlossen. Vor dem Novemberpogrom kam es mehrfach – vor allem zu den jüdischen Feiertagen wie Jom Kippur – zu Übergriffen. Das Verbot, öffentliche Parkanlagen und Badeanstalten zu benutzen, wurde sofort nach dem Anschluß in die Tat umgesetzt, die Kinder und Jugendlichen jüdischer Herkunft wurden bereits im April aus den öffentlichen Schulen entfernt. Es gab nur noch eine Schule, in die Juden gehen durften.

Dr. Herbert Neuwalder
Ordination 15–16ʰ
Zur ärztlichen Behandlung
nur für Juden berechtigt

Die letzten Tage in Wien

Edith Königsberg
Tonbandprotokoll

Am Tag des Einmarschs saßen wir bei einer Nachbarin, Frau Warenberger, weil sie ein gutes Radio besaß. Frau Warenberger war mit einem Nicht-Juden verheiratet, ihr Neffe war auch da. Er war Technikstudent und wir wußten, daß er bei der – bis zum Einmarsch illegalen – NS-Partei war. Ich war sechzehn Jahre alt und über die Nachrichten entsprechend verzweifelt. Der junge Student – dem ich gefiel, obwohl ich Jüdin war – versuchte mich zu trösten: »Ach, warum haben Sie solche Angst, Sie werden nicht studieren können, aber Sie werden sicherlich in einem Büro arbeiten können, es wird Ihnen bestimmt nichts geschehen.« Und das war sicher seine aufrichtige Überzeugung.

Schlimm war die Situation in der Schule. Die sechs Wochen, die ich noch zur Schule ging, wurden uns von den Mitschülerinnen zur Hölle gemacht, sie heckten immer neue Ideen aus, um uns zu schikanieren. Es waren die Klassenkameradinnen, die darauf bestanden, daß wir auseinandergesetzt wurden. So kam es, daß auf der linken Seite die Jüdinnen, auf der anderen die Nicht-Jüdinnen saßen. Die katholischen »Mischlinge« waren zu diesem Zeitpunkt noch nicht isoliert. An dem Tag, als ich die Schule verließ – ich war eine der letzten –, öffnete ein Mädchen das Fenster mit den Worten »Es stinkt nach Juden«. Die Schule war bekannt als Nazischule, die Hälfte der Schüler waren Juden, die andere Hälfte Nazis oder Sympathisanten, die Lehrer mit wenigen Ausnahmen Nazis. Zu den Ausnahmen gehörte Herr Pilz, ein Vertreter der vaterländischen Front, gleichzeitig war er im Schriftstellerverband; eine jüdische Lateinprofesso-

rin und der Religionsprofessor Oskar Brunner. Die Lateinprofessorin wurde rasch durch ein Protektionskind der Nazis ersetzt, es war die Tochter des von den Nazis eingesetzten Wiener Bürgermeisters Neubacher. Der Direktor der Schule war ein Großdeutscher, er war deshalb zu den Nazis gestoßen, aber er war ein anständiger Mensch.

Man konnte als junger Mensch nicht einfach nichts tun und zu Hause sitzen, wir wollten etwas lernen, um uns auf die Auswanderung vorzubereiten. Zunächst sollte ich in einem kleinen jüdischen Gasthof kochen lernen, ich war genau vier Tage dort, dann bekam der Wirt einen kommissarischen Verwalter und mit dieser Ausbildung war es vorbei. Dann wollte ich Maschineschreiben lernen,

ich lieh mir ein Buch von der einzig nichtjüdischen Klassenkameradin, die bewußt den Kontakt zu ihren jüdischen Schulfreundinnen hielt; Maschine gab es in unserem Haus nicht und ich ging zu Herrn Rein, einem Bekannten meines Vaters. Dann bekam auch er einen kommissarischen Verwalter und ich konnte dort nicht mehr üben. Ich besuchte dann einen zweimonatigen Kurs für Kindergärtnerinnen im französischen Kindergarten, er gehörte einer Jüdin und hieß »Tante Mary«. Es war ein Privatkindergarten, vorher ein gemischter, jetzt nur für jüdische Kinder. Die Leiterin, Mary, führte die Umschulungskurse im Auftrag der Wiener Kultusgemeinde durch, für junge Leute, die auswandern wollten. Dieser Kursus konnte ich noch zu Ende machen.

Die 16jährige Edith Königsberg schreibt an die Schwester ihrer Mutter, Regine Trompeter (Regi), der es im Mai 1938 gelungen war, eine Stelle als Hausgehilfin in London zu bekommen. Sie galt als die »Intellektuelle« in der Familie, weil sie immer alle mit Lektüre versorgt hatte und war Ediths geistige »Ziehmutter«. Regi war vorerst der einzige Kontakt, den die Familie Königsberg ins Ausland hatte. Da es ohne Arbeitsnachweis und Bürgen keine Chancen gab, ein Visum zu erhalten, richteten sich alle Hoffnungen auf sie. Meist schrieb die ganze Familie, Edith, ihre 14jährige Schwester Lizzi, die Mutter (Rosa) und der Vater (Max, der eine Schneiderei hatte; er hieß nach seinen offiziellen Papieren Kalman Moses).

21.6.38
Liebste Tante,
zuerst einmal recht herzlichen Dank
für Deinen lieben Brief, der mich
wirklich riesig freute. Gott sei Dank,
daß es wenigstens Dir gut geht. Da
ist Dir wenigstens nicht so bange.
D.h. denkst Du überhaupt noch an
uns? Hier ist es sehr öd. Seit ein paar
Tagen ist es sehr heiß und daher auch
furchtbar unangenehm, insbesondere,
da wir ja nicht baden gehen können
und mit dem Spazierengehen ist das
auch so eine Sache. Promenade und

Kaipark dürfen wir überhaupt nicht
betreten, in den anderen Parkanlagen
finden wir keine Sitzgelegenheiten, da
die meisten Bänke die Aufschrift
»Nur für Arier« tragen. Zum Glück
ist unser Liechtenstein-Park, in den
wir immer gehen, ein Privatpark,
aber da kommen jetzt die Leute aus
allen Bezirken hin. Kannst Dir vor-
stellen! Gestern war ich auch schwim-
men, im Brünnlbad, zwar gedeckt,
furchtbar klein, schrecklich viele Leu-
te – aber schließlich in Entbehrung
eines Besseren! Man will sich ja doch

Briefe

*ein bissel erfrischen. Heute war ich
bei der Schneiderin, mir meine alten
Kleider herrichten lassen, denn die
Dirndl kann ich nicht mehr tragen!*
[*Das Tragen von Trachten wurde
den österreichischen Juden noch im
Sommer 1938 untersagt.*]
*Nun muß ich aber Schluß machen,
die anderen wollen Dir auch noch
schreiben und der Brief darf nicht zu
schwer werden. Viele Küsse, Dein
Liebling.*

*Liebe Regi! Du kannst Dir gar nicht
vorstellen, wie ich mich freue, daß
Du schon weg bist... Alles andere, Be-
zahlung etc. ist ja so nebensächlich.
Die Hauptsache ist, »Du bist ein
Mensch«. Wir sind gesund, Gott sei
Dank, Arbeit hat Max auch. Aber
nichts freut uns. Schreib viel und oft.
Deine Briefe sind Lichtblicke. Rosa.*

*Liebe Regi, habe wenig Geduld, doch
will ich Dir einige Zeilen zuschrei-
ben. Hier ists jedes Mal ärger und jeden Tag erwartet man – Urlaub.
Man will mir einen kommissarischen
Leiter einsetzen, d.h. einen von meinen Kollegen. Die Hitze ist unerträglich, habe nirgends Schatten, wo ich
gehen kann. Die Edith wird vielleicht
illegal mit einem Transport nach Palästina gehen. Interessiere Dich in
London. Lizzi wird am 30. entlassen.
Kurz, lauter freudige Sachen. Gott sei
Dank bist Du dort... Beste Grüsse,
Max.*

*9.7.38
Eigentlich weiß ich nicht, was ich
Dir schreiben soll, denn Schönes gibt
es leider gar nicht und ich kann Dir
doch nicht immer nur Jammerbriefe
schreiben. Zu allem ist es jetzt noch
furchtbar heiß und ins Freie hinaus
kann man ja nicht. Mit dem Palästi-
natransport werde ich wahrscheinlich
auch nicht mitkönnen und so habe*

*ich jetzt keinerlei Hoffnung. Ich kann
höchstens auf Wunder warten. Aber
wäre es vielleicht möglich, daß mich
eine Familie als Gast anfordert und
ich dort im Hause helfe oder sonst irgendwie arbeite? Schreibe mir bitte
darüber. Ich lerne auch recht fleißig
Englisch. Auch Hebräisch lerne ich
und im Maschinenschreiben mache
ich schon ganz schöne Fortschritte.
Viel ist das natürlich nicht, aber ich
habe ja sonst keine Möglichkeiten.
Außerdem helfe ich noch ein bissel zu
Hause, lese und gehe spazieren. Das
ist alles sehr öde, aber man muß sich
damit abfinden. Momentan bete ich
zu Gott, daß die Lizzi nicht entlassen
wird, denn wenn die auch noch zu
Hause ist... Schreibe uns recht bald
und recht ausführlich und sei
1000mal gegrüßt und geküßt von
Deiner Edith.*

*11.7.38
Liebe Tante! Bitte schreibe mir, ob
ich mir in allem Ernste etwas davon
versprechen kann. Wird es denn mit
einer Stelle möglich sein, da ich doch
noch unter 18 bin? Wäre es vielleicht
gut, wenn ich Dir eine Zeugnisab-
schrift schicke? Übrigens habe ich ein
Diplom in Stenographie, vielleicht
kannst Du das auch angeben, da doch
Zeugnisse wichtig sind. Hältst Du etwas davon, daß ich vielleicht einen
Kindergarten-, Säuglingspflege- oder
gar Kochkurs mache? Ist es nützlich?
Es kostet natürlich alles Geld, aber
wenn es wirklich von Nutzen ist,
dann würde mir Papa halt das Opfer
bringen. Jedenfalls lerne ich jetzt sehr
fleißig Englisch. Das kostet mich
nichts und schadet bestimmt nicht.
Hoffentlich auf ein baldiges Wiedersehen, mit vielen Küssen, Deine Edith.*

*20.7.38
Liebe Tante! Ich danke Dir vielmals
für Deinen lieben Brief, über den ich*

*mich sehr gefreut habe, wenn er auch
nicht sehr vielverheißend ist. Aber
Du mußt uns wirklich nicht warnen,
nicht zu optimistisch zu sein... Ich
weiß sehr wohl, daß ich dies alles nur
als kleinen Hoffnungsstrahl betrachten kann, höchstens geeignet, um am
völligen Verzweifeln zu hindern.
Man muß ja schließlich irgend eine*

*Hoffnung haben, um sich über die
Dinge selbst hinweghelfen zu können
und ich besitze leider gar keine andere. Ich gebe mich jedenfalls keinen zu
großen Illusionen hin. Immerhin sehe
ich mich jetzt nach einem Kochkurs
um, denn Kochen werde ich auf jeden
Fall brauchen können. Die Kurse
sind schon ganz überfüllt. Ich war*

mich im Kinderheim erkundigen und
da ist bis September kein Platz frei.
Ich glaube, um englische Stenographie
zu lernen, kann ich denn doch zu
wenig. Da müßte ich doch perfekt im
Englischen sein und dazu fehlt doch
noch einiges, auch wenn ich jetzt sehr
fleißig lerne und schon ganz flott
spreche. Da könnte ich eher, wenn
dies zu etwas gut ist, englische Han-
delskorrespondenz lernen. Dazu gehört immerhin nicht soviel... Edith

*Liebe Regi! Wie ich aus Deinem Brief
ersehe, bist Du nicht ganz mit Deinem Posten zufrieden. Aber mach
Dir nichts draus, 1. mußt Du froh
sein, daß Du überhaupt draußen bist
und 2. hast Du ja die Möglichkeit,
Dir etwas besseres zu suchen. Wir
wissen ja alle, daß man in der Fremde keinen Honig leckt und doch wären wir froh, wenn wir schon soweit
wie Du wären. Momentan haben wir
nach Mexiko angesucht. Bin neugie-
rig, ob etwas daraus wird. Weiß
Gott, wo wir noch hinverschlagen
werden. Ich versuche noch einmal
mein Glück mit Amerika. Habe
nämlich eine Adresse aus Polen von
Max seinem Cousin bekommen.
Sonst kann ich Dir eigentlich nichts
Besonderes mitteilen. Daß Jetty ihre
Wohnung am 15. räumen muß,
wirst Du ja gehört haben. Außerdem*

*ist Ignaz [Jettys Mann, der Bruder
von Max] arbeitslos. Ärgere Dich
über gar nichts. Es kommt alles, wie
es kommen muß...Rosa.*

29.7.38
*Liebste Tante! Also, ich glaube, die
Freude, die mir Dein lieber Brief bereitet hat, kannst Du Dir nicht vorstellen, bestimmt nicht. Omama hat
vor 1/4 Stunde Deinen Brief gebracht, ich muß Dir gleich schreiben,
aber ich weiß ja gar nicht, wo beginnen. Ich weiß nur, daß es »schrecklich« schön wäre, wenn ich zu Dir
käme. Aber ich traue mich ja gar
nicht, daran zu glauben, daß ich
wirklich Hoffnung darauf habe, ich
fürchte mich mit meiner Freude alles
zu zerstören. Lieber, lieber Gott, hoffentlich wird etwas daraus! Tante
Lucy hat mir noch schrecklich Angst*

eingejagt, sie hat gesagt, um das Vi-
sum zu bekommen, genügen jetzt
nicht bloß Zeugnisse, sondern man
muß auch Krankenkassenbestätigun-
gen haben, daß man wirklich als
Hausgehilfin tätig war und das kann
man doch nicht bekommen. Ich habe
so Angst, daß das Permit nicht bewil-
ligt wird, weil ich doch noch nicht 18
Jahre alt bin. Du wirst aus dem Brief
ersehen können, wie gemischt meine
Gefühle sind, wie meine Freude gegen

die Angst, daß zum Schluß nichts
daraus wird, kämpft. Aber sag, wenn
was wird, komme ich dann in Deine
Nähe oder wohnen diese Leute sehr
weit von Dir entfernt? Denn die
Freizeit werden wir ja dann hoffent-
lich zusammen verbringen. Aber wie
ich merke, beginne ich schon, Pläne
zu schmieden und das will ich ja
nicht, ich bin ja so furchtbar aber-
gläubisch. Ich werde mir wohl jetzt
einen Paß besorgen, gelt, das soll ich

ja auf jeden Fall? Hoffentlich werden sie mir keine Schwierigkeiten bei der St. machen. Taxamtsbestätigung habe ich übrigens schon, aber ich habe ja nichts davon, denn wenn ich nicht wegfahre, dann laufen mir alle Bestätigungen wieder ab und ich kann von vorne beginnen. Die Schwierigkeiten werden nämlich immer größer und um jede Bestätigung muß man ein paar Nächte stehen und dabei weiß man nie, ob man noch dran kommt. Es gibt jetzt ein eigenes Paßamt für Nichtarier im 5. Bezirk in der Wehrgasse. Glaube mir, ich möchte schon lieber ordentlich wo arbeiten, als hier dieses Schmarotzerleben führen. Ich war jetzt 4 Tage in einem Gasthaus kochen und es hat mir auch recht viel Spaß und Freude gemacht, aber jetzt ist es wieder aus damit, weil die einen Kommissär bekommen haben. Ich habe halt Pech.

Können die Leute, zu denen ich kommen soll, auch Deutsch oder wird dort nur Englisch gesprochen? Ich übe jetzt sehr fleißig Konversation und hoffe, daß ich mich dann doch auch dort im Englischen halbwegs verständigen werde können. Und noch etwas, liebe Tante, wie lange dauert ungefähr die Erledigung eines Permits? Ich möchte ja am liebsten schon in 14 Tagen bei Dir sein. Ich bin ein naives Kind, was? Aber wollen kostet ja nichts. Also hoffentlich – bald, viele viele Küsse, Edith. [Mit Bleistift in Steno – wohl damit die Eltern es nicht lesen können, die Zeile:] Bitte bitte Tante, miß den Bedenken meiner Eltern keinerlei Bedeutung bei! Ich will!

29.7.38
Liebe Regi, Danke für Deine Mühe, hoffentlich hast Du Erfolg. Doch wä-

re mir viel lieber, wenn ich dorthin kommen könnte und dann die Familie, denn die Edith als Hausgehilfin, finde ich sie zu jung und unerfahren, jedoch das Schicksal soll entscheiden... Dein Max.

Liebe Regi, vielen Dank für die viele Mühe, die Du Dir wegen der Kinder machst. Aber glaubst Du nicht, daß das für Edith zuviel sein wird. Sie ist ja selbst noch ein Kind. Dazu ein verwöhntes und ungeschicktes. Ich glaube für einen 9jährigen Buben ist sie zu jung. Doch ich will Dir nichts dreinreden. Du bist dort und kannst das besser beurteilen. Du mußt mich aber auch verstehen, wenn ich Bedenken habe. 6 Personen, 1 ganzes Haus, 1 wilder Bub und vielleicht eine launenhafte Alte. Dazu Edith, die wenn man sie schief anschaut, gleich heult. Ich wäre halt sehr froh, wenn wir alle zusammen fort könnten. Und jetzt komme ich wieder mit einer Bitte. Es heißt, daß Handwerker die Einreise nach Australien bekommen. Ich habe auch bereits einen entsprechenden Bogen ausgefüllt, aber man sagt auch, daß man sichs in London eher richten kann. Vielleicht kannst Du da was machen. Ich nehm Dich dann mit. Sei nicht bange. Sei vielmals gegrüßt und 1000mal geküßt von Deiner Dich liebenden Rosa.

25.8.38
Liebe Tante Regi, wir haben Deinem Brief schon wieder mit großer Sehnsucht entgegengesehen, wußten gar nicht, was los ist. Kranksein, das ist ein Luxus, das gibt es nicht. Aber hoffentlich bist Du jetzt wieder ganz hergestellt und wirst es auf Deinem neuen Posten leichter haben. Ein Bekannter von mir, namens Edi Klein, von dessen Abreise ich gar keine Ahnung hatte, hat jetzt, nachdem er erst 1 1/2 Wochen in England ist, zu sei-

nem Freund geschrieben, ich soll, wenn ich einen Posten will, zwei Bilder von mir und ein Curriculum vitae schicken. Er ist dort bei einer Dame, die Leiterin einer großen Wohltätigkeitsorganisation ist, ich glaube, sie heißt Miss Barnes. Ich halte zwar nicht viel davon, aber es ist immerhin möglich, daß er vielleicht durch diese Dame etwas machen kann. Es ist jedenfalls sehr nett von dem Burschen, mit dem ich gar nicht so gut befreundet war. Ich weiß nur leider keine Adresse. Mein Freund Walter, den Du ja kennst, ist übrigens Montag zusammen mit einem Freund weggefahren [in Steno:] illegal, wir wissen aber einstweilen noch nichts von ihnen. Sonst gibt es hier nichts Neues, außer daß wir uns ab 1. Jänner jüdische Vornamen beilegen müssen und zwar ganz bestimmte. Wer keinen so typisch jüdischen Namen besitzt, muß sich entweder Sara oder Israel nennen und diese Namen neben seinem ursprünglichen Namen in alle Dokumente eintragen lassen. Das heißt praktisch, daß wir alle 3, Mama, Lizzi und ich Sara heißen werden. Papa darf seinen Namen behalten. Das ist heute in der Zeitung gestanden und wenn dies nicht wieder ein Beweis unserer traurigen Lage wäre, könnte man ja darüber lachen. Jetzt muß ich schließen, denn mir wurde nahegelegt, nicht zuviel zu schreiben, denn ich bin schuld, daß der Brief immer zu schwer ist und mehr Porto bezahlt werden muß, ergo, servus und viele Küsse, Edith.

Liebe Regi! Sag weißt Du nichts Gescheiteres zu tun, als krank zu sein, damit wir einen Grund mehr zum Nachdenken haben oder hast Du schon vergessen, wie das ist, wenn wir auf Post von der Anna gewartet haben. Aber Du bist entschuldigt. Schau nur dazu, daß Du bald gesund

bist und daß es Dir auf Deinem neu-
en Posten besser geht. Rosa.

August 38
Liebe Tante! Du wirst Dich wohl
wundern, daß ich Dir schon wieder
schreibe, aber wie immer, komme ich
zu Dir, wenn ich etwas will. Kurz
gesagt: Ich habe Dir doch von dem
Bekannten geschrieben, der bezüglich
eines Postens für mich geschrieben
hat. Dieser schreibt jetzt, daß er schon
einen Posten hat und zwar muß ich
da schon vielleicht in sehr kurzer
Zeit kommen, aber, das ist der große
Haken, als Köchin. Du weißt ja, daß
es da nicht allzu weit mit meinen
Künsten ist. In dasselbe Haus – übrigens angeblich sehr reiche und nette
Dame etwas außerhalb Londons –
soll ein bekanntes Mädel als Stuben-
mädchen kommen. Das möchte ich
lieber. Jedenfalls weißt Du doch besser, ob ich einen Posten annehmen
kann, wenn ich doch eigentlich den
Anforderungen nicht entspreche. Auf
jeden Fall aber glaube ich, daß es gut
sein wird, wenn Du Dich mit dem
Burschen in Verbindung setzt. Ich
bitte Dich daher vielmals, dies zu
tun. Seine Adresse ist... Er hat schon
einen Bekannten, der ein ziemlich
hohes Tier ist, Beziehungen zum In-
nenministerium hat und Du verstehst
wohl. Du wirst wohl im Gespräch sehen, was da ist, vielleicht kann er etwas wegen meiner Eltern erreichen.
Küsse Edith.

10.9.38
Liebste Tante! Von hier kann ich Dir
nicht viel Neues schreiben. Wir haben leider gar keine Aussichten fort-
zukommen. Mit meinen Englisch-
kenntnissen geht es mir ganz gut, nur
ist jetzt mein lieber Englischlehrer
(Walter) in Frankreich. Ich werde
mich daher zu einem Kurs von der
Kultusgemeinde anmelden. Was Du

bezüglich des Kindergartenkurses
schreibst, weiß ich wohl, jedoch hat
die Sache einen Haken – es ist nämlich sehr teuer. Aber ich werde sehen.
Wie das mit dem Arbeitsdienst sein
wird, weiß ich noch nicht. Schreibe
bald wieder und ausführlich und hoffentlich hast Du bis dahin schon etwas gutes Neues (für mich). Viele
Küsse, Edith.

Liebe Schwester! Für Deine Mühe
danke ich Dir herzlich und bitte
Dich, alle 3 Familien unseres Namens aufzusuchen, da England jetzt
meine einzige Hoffnung ist. Wir waren diese Woche bei der ärztlichen
Untersuchung von der Kultusgemeinde und Max wurde wegen seines Her-
zens abgelehnt. Jetzt bitte ich Dich,
diese Leute aufzusuchen und Ihnen
zu sagen, daß wir Ihnen nicht zur
Last fallen werden, sie sollen nur ga-
rantieren, damit wir die Möglichkeit
haben, nach England zu kommen.
Für Übersee ist der Max ungeeignet.
Sei nicht böse, wenn ich Dich soviel
bemühe, vielleicht kann ich mich einmal revanchieren. Bleib herzlich gegrüßt und geküßt von Deiner Schwester Rosa.

26.9.38
Liebste Tante! Ich widme mich überhaupt nur mehr der Hauswirtschaft
und würde ich nicht Englisch und
Hebräisch lernen und hie und da ein
gutes Buch lesen, so würde ich vollkommen verblöden. Ich besuche seit 2
Wochen einen Englischkurs von der
Kultusgemeinde, Fortgeschrittene natürlich. Es ist sehr klass und wir haben einen ziemlich guten Lehrer. Es
sind fast lauter ältere Leute dort,
auch ein paar Doktoren. Hier ist momentan eine furchtbar gespannte
Stimmung, niemand weiß, was die
nächste Stunde, ja die nächste Minute
bringt. Es hängt alles an einem Fa-

den. Was denkt man bei Euch? Mich
läßt schon alles kalt, was kommt,
muß kommen und ich kann es bestimmt nicht ändern. Nun wünsche
ich Dir das Allerbeste anläßlich der
Feiertage und daß wir zu den nächsten Feiertagen wieder alle zusammen
sind und zwar in Ruhe und Frieden
als Menschen. Sei vieltausendmal geküßt von Deinem Liebling Edith.

Oktober
*Liebste Tante Regi! Hoffentlich hast
Du Jom Kippur gut verbracht. Hast
Du auch gut gefastet? Hier war es lei-
der gestern nicht ganz ruhig. Viele,
viele Küsse von Deiner Edith.*

*Liebe Regi! Möchte so rasch als mög-
lich weg, wenn es nicht anders geht,
so fahre ich ohne Einladung und vielleicht (wahrscheinlich) allein. Vielleicht kann mich Dein Chef anfor-
dern als Diener und mir eine Einrei-*

se schicken. Hoffentlich hast Du gut
gefastet und bist wohlauf, mache Dir
keine Sorgen, alles geht vorbei und es
kommt der Morgen mit Sonnen-
schein. Dort bei Dir sind mehrere Bekannte von uns und haben Einreise
bekommen. Es ist nur schwer, den
Paß zu kriegen... Max.

28.10.38
*Liebste Tante! Um unsretwillen sollst
Du Dich nicht so schrecklich krän-
ken, damit machst Du ja nichts besser... Hier ist allerdings die Lage wieder sehr traurig und wir sind alle
nur von dem Wunsche beseelt, fort.
Wenn man nur gesund hinaus-
kommt. Ich höre schon von einigen
Seiten, daß auch jüngere Mädchen
nach England fahren: au pair, als
Haustochter. Weißt Du nichts davon?
Wir hatten diese Woche wieder ziemlich viele Aufregungen. Liebe Tante,
hörst Du gar nichts mehr vom Edi*

»Österreichischer
Beobachter«, November
1938

Denkt schon jetzt bei Vorbereitung und Ueberlegung der Weihnachtseinkäufe, daß ihr keinen Groschen zum Juden tragen dürft, wenn ihr nicht die Tage der Knechtschaft durch Unterstützung der Gegner verlängern wollt!

Die örtlichen Gliederungen unserer Bewegung werden ab **sofort Kontrollposten** vor den jüdischen Geschäften und Warenhäusern einrichten und werden rücksichtslos alle sogenannten „Nationalen," die ansonsten auf diesen Ehrennamen Wert legen, zur Anzeige **gebracht und ihre oder ihrer Frauen Namen** rücksichtslos im „Oesterr. Beobachter" auf der

jüd. Prangerliste

fortlaufend veröffentlicht werden, wenn sie nur beim Betreten eines jüd. Geschäftes von unseren Ueberwachungskommanden gesehen werden.

Um von vornherein, etwaigen Ausflüchten vorzubeugen, sei auf verschiedene Anfragen mitgeteilt, daß die Firmen „Harry Palmers" samt Filialen, das Linzer Schuhgeschäft „Forum", auf dessen Schild außer diesem monströsen Namen zwecks beliebter jüdischer Tarnung kein Name aufscheint **jüdische Firmen** sind. Während der vaterländische Gewerbebund vor den jüdischen Frechheiten im „christlichen" Staat armselig kapituliert, gehen wir Nationalsozialisten auch in diesem wichtigen Kampfe zum Schutz und zum Wohle unseres bodenständigen deutschen Volkes mit **rücksichtsloser, aber befreiender Tat voran**

An den Pranger
mit den Judenknechten!

Wir werden es uns selbstverständlich auch nicht nehmen lassen, gewiße „besonders christliche" Geschöpfe, die am liebsten bei Juden kaufen, ebenfalls ausnahmsweise und liebevoll in die betreffenden Spalten ÖB aufnehmen. Selbstverständlich ist auch das **Ramsch-Warenhaus „Kraus & Schober"** jüdisch. Obwohl es drei Ausgänge hat, werden wir ihm als einem der ärgsten Schädlinge des heimischen Handels- und Gewerbes und des **kaufenden Publikums unser besonderes Augenmerk zuwenden!**

Der Judenboykott der NSDAP in Oesterreich hat begonnen!
Die Verräter und Wankelmütigen mögen sich vorsehen!

Klein? Ist der eingeschlafen? Im Anfang hat er so geschrieben, als ob er wirklich etwas machen könnte. Ich habe heute einen Brief von meinem Freund Walter aus Paris bekommen, es ist auch dort sehr traurig. Er fürchtet sehr, daß er ausgewiesen wird. Den Leuten, die illegal fort sind, geht es überhaupt sehr schlecht. Aus Belgien wurden sehr viele zurückgeschickt und sie werden überall ausgewiesen. Ich mache ab Montag einen Kindergartenkurs bei der Tante Mary und freue mich schon sehr darauf. Ich koche übrigens auch schon ziemlich viel, wobei das nur heißt – für meine Verhältnisse, sonst ist es natürlich sehr wenig. Immerhin Wiener Schnitzel kann ich schon ganz gut machen und Spinat eventuell auch. Wenn ich bei Dir bin, liefere ich Dir die Beweise meiner Kunst. Edith.

November
L.R., ich habe eine Bitte an Dich.
Vielleicht ists möglich, wenn Du eine
Annonce in einer Zeitung aufgibst
und zwar »guter Schneider aus Wien
mit langjähriger Praxis für Herren-
garderobe sowie Damen, auch als Arbeiter...« so in dieser Form in englisch
– Du wirst schon wissen. Ein
Freund hat auf diese Weise ein Permit bekommen, auch wäre sehr gut
eine Annonce für Edith und Lizzi als
Haustochter, es haben auch einige
Mädchen damit ein Permit bekommen. Die Annoncen kosten Geld, ich
werde trachten, Dir 10 RM zu
schicken, ich weiß ja, Du kannst keine weiten Sprünge machen, als Adresse kannst Du Deine angeben. Das
wäre der einzige Ausweg hinzukom-
men, anders ist keine Möglichkeit,
denn lange kann man hier nicht
mehr bleiben, es ist nicht mehr zum
aushalten. Alle Gewerbe werden weg-

genommen, in der Treustraße sind alle Geschäfte bereits gesperrt, jetzt
kommen auch alle anderen dran, bis
1.11. darf kein Geschäft und bis
31.12. kein freies Gewerbe mehr sein.
Alle sind überaus nervös, mit einem
Wort, es wäre der Ausweg – weg.
Ich habe sogar über die Kultusgemeinde bemüht, nach Chile zu kommen, vielleicht habe ich Glück. Die
Edith lernt spanisch und Kindergärt-
nerin, wir versuchen alles... Dein
Max.

Liebe Regi... Nun zu etwas Ernste-
rem. Die Lage bei uns ist nämlich
sehr kritisch. Ich habe Dir während
der ganzen Zeit nichts geschrieben
und Dich auch nicht gedrängt, weil
ich überzeugt bin, daß Du das Men-
schenmöglichste tust und nichts un-
versucht läßt. Nun ist es aber fast
nicht mehr zum Aushalten. Schon
seit Jom Kippur. Aber was sich diese

Woche abgespielt hat, kann man nicht schildern. Viele solche Nächte halte ich nicht mehr aus und darum 1. Regi schreibe ich Dir dringendst: »Du mußt etwas tun.« Erstens bitte ich Dich, für Max eine Annonce als Schneider aufzugeben, oder Du sprichst selbst bei großen Firmen vor, sagst, daß er sehr tüchtig ist und sehr billig arbeiten wird. Zweitens ist Edith jetzt schon im 18. Jahr, macht einen Kindergartnerinnen-Kurs und es wird doch nicht so schwer sein, für sie ein Permit zu bekommen. Drittens möchte ich Dich noch bitten, für die Lizzi eine Annonce einzuschalten und zwar als Haustochter ohne Entgelt. Für mich wird sich dann schon etwas finden. Entweder kann mich Max einbeziehen oder ich gehe als Köchin. All das schreibe ich Dir mit der festen Überzeugung, daß jetzt bestimmt etwas kommt, und dann bitte ich Dich, darauf zu ach-

ten, daß wir die Permit in die Hand bekommen. Die Sache ist nämlich so: ich bekomme keinen Paß, wenn ich keine Einreise habe. Ich kann aber auch das Permit nicht vom Konsulat abholen, wenn ich keinen Paß habe. Sei nicht böse, liebe Regi, wenn ich soviel auf einmal von Dir verlange. Ich hab nämlich keinen anderen Ausweg außer wenn Gott hilft und es wird etwas aus Chile. Vielleicht kann ich mich mal bei Dir revanchieren... Schwester Rosa.

20.11.
Liebste Tante, leider muß ich Dir aber wieder eine unangenehme Sache mitteilen. Du wirst wohl schon den Brief haben, in dem ich Dir geschrieben habe, daß ich bereits an Mrs. Singer geschrieben habe. Nun habe ich Donnerstag den Fragebogen erhalten mit einem sehr freundlichen Schreiben von einem Frl. Frey, in dem sie

verspricht, ihr Bestes für mich zu tun und mich bittet, die Fragebogen auszufüllen und schreibt, ich möge zur »Society of Friends« in der Singerstraße 16 gehen, wo mir Miss Houghton Näheres sagen wird. Ich war also Donnerstag nachmittags dort. Da fragte sie auch nach meinem Alter und ist ganz erstaunt, als ich es nenne, denn das Mindestalter für diese Schule ist 19 Jahre. Sie hat sehr bedauert. Bitte sei so lieb und setze Dich mit dem Komitee in Verbindung, vielleicht ist es möglich, daß sie 2 Augen zudrücken... Edith.

4.12.38
Liebe süße Tante! Also ich weiß eigentlich gar nicht, wobei ich beginnen soll. Wie glücklich ich bin und wie sehr ich Dir danke, kannst Du Dir ja vorstellen. Wenn ich nur schon dort wäre. Ich traue mich noch nicht daran zu glauben, daß wirklich etwas daraus wird, ich habe so schreckliche Angst, daß – Gott behüte – wieder etwas dazwischenkommt. Werden wir wenigstens hie und da beisammen sein können? Übrigens Tante, soll ich die Sache wegen der Pflegerinnenschule noch weitermachen? Den Brief an Mrs. Singer habe ich bereits abgesandt, die Fragebogen noch nicht, da mir noch das ärztliche Zeugnis fehlt. Daß ich in einen Kindergarten soll, ist wirklich herrlich, denn ich bin wirklich mit großer Freude bei den Kindern. Hoffentlich bald. Einstweilen viele Grüße u. Küsse Edith.
P.S. Freitag geht der erste Kindertransport nach England, aber angeblich nur bis 16 Jahre.

12.12.
Vor allem das Wichtigste: Ich habe vorige Woche einen Brief d.h. einen Fragebogen vom Wobourn-House [dort war das jüdische Kinder-Flücht-lings-Komitee untergebracht] bekommen, den ich ausfüllen mußte. Sie schreiben mir auch darin, daß sie meinen Fall jetzt nicht extra behandeln können, da ja jetzt die Transporte gehen und daß sie mich dem nächsten Transport zuteilen wollen, allerdings ist dabei ein Vermerk, daß sie keine Garantie übernehmen. Wir haben uns auf jeden Fall hier bei der Kultusgemeinde für die Aktion angemeldet, obwohl es heißt, der Transport geht nur bis 17 Jahre. Der erste Transport ist schon Samstag abends gegangen, 400 Kinder nach England und 200 nach Holland. Es sind auch einige Bekannte mitgefahren, hauptsächlich Leute, die für die Jugend-Alijah angemeldet sind. Ich habe auch einen Brief von Mrs. Singer erhalten, in dem sie mir schreibt, daß es wohl stimmt, daß man für das General Nursing Training 19 Jahre alt sein muß, daß sie mich aber einstweilen ev. in einem Convalescent-home unterbringen kann oder wenn das nicht geht ins Haus. Auch Kuki möchte recht gerne einstweilen kommen, obwohl sie wahrscheinlich bald nach Amerika können wird. Kukis Daten:... Ferner hat mir noch ein bekanntes Mädchen Daten angegeben, die furchtbar gerne hinüber möchte, da sie bereits ausgewiesen ist: ...Übrigens weiß ich noch ein Mädel über 18, die besonders tüchtig ist. Sie ist aus sehr gutem Hause, kocht selbständig, kann auch schneidern und hat Matura. Beide machen den Kurs mit mir zusammen. Also ich hoffe, Du hast jetzt genügend Daten, ich fürchte, sogar zuviel, aber es kommt Dir ja schließlich hie und da etwas unter und die Leute wären alle schrecklich glücklich, wenn sie fort könnten. Also hoffentlich auf baldiges Wiedersehen! Dein Liebling Edith.

30.12.38
Liebe Tante! Also nun wird es ernst. Wir fahren so Gott will in der nächsten Woche, das genaue Datum ist allerdings noch nicht sicher. Jedenfalls freue ich mich schon sehr darauf, wir werden wahrscheinlich vorher auf 1-2 Tage in ein Lager in der Nähe von Dover kommen. Die Reiseroute ist wahrscheinlich Wien-Rotterdam-Dover. Papa muß Montag aufs Paßamt, wir fahren auf Sammelpaß, obwohl unsere Pässe schon eingereicht sind. Wir können übrigens nur jeder 1 Koffer mitnehmen, aber das macht nichts. Meinen Kurs habe ich bereits fertig und ich bekomme auch ein Zeugnis.

30.12.38
Endlich kann ich Dir etwas Gutes berichten und hoffe, daß Du Dich mitmir freuen wirst. Die Kinder werden wahrscheinlich nächste Woche wegfahren. Wenn Du aber geglaubt hast, nun Ruhe von mir zu haben, so war das ein Irrtum. Das Gewerbe hat Max niedergelegt und wir haben die Absicht, sobald die Kinder weg sind, auch wegzufahren. Wohin, das wissen die Götter... Eben war Herr Zwickel bei uns und sagte, daß es in London ein Reisebüro gibt, das verschiedene Visa verschafft. Ich gebe Dir die Adresse und bitte Dich diesbezüglich zu erkundigen. Angeblich kostet ein Visum nach Uruguay 100 Pfund und nach Paraguay 13-14 Pfund. Bitte interessiere Dich deswegen, vielleicht können wir eine Einreise bekommen... Rosa.

Die »Kinder« Edith und Lizzi kamen Anfang Januar 1939 mit einem Kindertransport weg. Großbritannien hatte nach dem Pogrom seine Einwanderungspolitik liberalisiert. Ungefähr 40 000 Flüchtlinge aus Deutschland und Österreich fanden 1938/39 dort Zuflucht, darunter 8000 Kinder ohne Eltern.

Mutter und Tochter, bei denen Edith in Devonshire/England als Hausmädchen arbeitete.

Dieses Foto hatte sie so begeistert, daß sie unbedingt bei dieser Familie arbeiten wollte ...

Mit Glück aus dem Reich

Edith Königsberg Tonbandprotokoll

Wir, die mit einem offiziellen Transport fuhren, durften zum Bahnhof begleitet werden (Meistens konnte man die Freunde und Verwandten nicht begleiten, denn das wäre aufgefallen). Die ganze Familie nahm Abschied und meine Eltern sagten, wir werden uns bald wiedersehen. Es war das letzte Mal, daß wir sie sahen.

Es waren vor allem Junge, die wegkommen konnten, weil sie Mut hatten, beweglich waren, für Ältere war es nur möglich, wenn sie Geld und Verbindungen hatten, vor allem, wenn sie eine günstige Staatsbürgerschaft besaßen, wie z.B. die Tschechen. Die Staatsbürger der österreichischen Monarchie, die zufällig in Ge-

bieten geboren waren, die nach 1918 an Polen gefallen waren, galten als staatenlos oder polnisch. All diejenigen, deren Geburtsort in einem der »ungünstigen« Nachfolgestaaten der Donau-Monarchie lag, für die es in den U.S.A. nur geringe Quoten gab – hatten es schwer, noch wegzukommen. Meine Freundin Edith Rosenberg konnte auswandern, ihre Eltern galten als Rumänen, sie konnten nicht auswandern. Es gab auch Leute mit viel Initiative und Unternehmungsmut. Ich hatte Freundinnen, die sich amerikanische Telefonbücher holten und Leute gleichen Namens heraussuchten und anschrieben, in der Hoffnung, daß es Verwandte wä-

ren. *Es gab auch welche, die über die Berge illegal in die Schweiz oder über Aachen nach Belgien flohen. Viele von ihnen wurden zurückgeschickt, wie die Söhne unserer Nachbarin. Der Bruder meines Vaters, Onkel Ignaz, wurde mit Frau und Sohn geschnappt, er kam nach Dachau, dann nach Buchenwald und verbrachte 7 Jahre im KZ. Seine Frau kam nach Ravensbrück, wurde im März 1942 hingerichtet. Der Sohn Herbert, sechs Wochen älter als ich, ist nirgends angekommen, niemand weiß von seinem Schicksal.*

Die Frau, zu der ich fuhr, hatte einen Kindergarten und ein zweijähriges Mädchen, ich sollte ihr in dem Kindergarten helfen und die Tochter betreuen. Als ich in England ankam, war sie in ein Dorf übersiedelt, den Kindergarten gab es nicht mehr. Nun sollte ich kochen und den Haushalt führen, Dinge, von denen ich keine Ahnung hatte. Bezahlt bekam ich nichts, man fragte mich, ob meine Eltern mir nicht Taschengeld schicken könnten. Damit ich ihnen schreiben konnte, schickten mir die Eltern internationale Antwortscheine. Meine Tante schickte mir das Fahrgeld, damit ich nach London kommen konnte. Ich war – nach verschiedenen Vorkommnissen – bei der Familie sehr unglücklich und so nahm mich Tante Regi zu sich, sie war selbst Hausgehilfin, man behielt mich vorerst als Haustochter, sie wurde zur Köchin gemacht. Bezahlung bekam ich dort auch nicht, weil ich unter 18 Jahren war, das war so üblich. Danach kam ich in ein Heim der Quäker in Camden Town, von dort wurde ich an die Leiterin des Jüdischen Altersheims verwiesen. Als Krankenschwester durfte sie mich nicht anstellen, weil ich nicht 18 Jahre alt war: in ihrem Freundeskreis

fand sich eine Familie, die mich als Haustochter aufnahm, mit zweijährigem Kind, bei minimaler Bezahlung, aber ich wurde als Teil der Familie behandelt, hatte einen freien Nachmittag und konnte meine Tante besuchen – was bedeutete, daß ich einen großen Teil davon mit den langen Fahrzeiten verbrachte. In der Familie Mendoza, junge Leute, die Hausfrau war 25, der Mann war eher konservativ, zwei Brüder 25 und 21, lernte ich eine ungewohnte liberale Atmosphäre kennen. Der jüngere Bruder stand in Opposition zu dem Hausherrn, er brachte die kommunistische Zeitung Daily Worker heim, der zweite Bruder hielt eine liberale Zeitung, die Frau stammte aus dem East End und hatte eindeutig linke Tendenzen und nahm mich auch einmal in ein kommunistisches Theater mit. Diese liberale Atmosphäre, in der der konservative Hausherr und der kommunistische Sympathisant unter einem Dach wohnten und die Meinung des anderen, oft scherzend, akzeptiert wurde, war so neu und fremd für mich, daß es mich überraschte. Ich fühlte mich wohl dort, aber meine Eltern waren besorgt, weil ich von Devonshire weggegangen war und hatten meiner Tante Lucy, die auf dem Weg von Wien nach Irland durch London kam, nahegelegt, die Lage zu prüfen. Tante Lucy beschloß: »das Kind kann nicht in dem Haus bleiben, es muß was lernen.« Sie war vor dem Einmarsch die einzige Berufstätige gewesen, diejenige, die alle Entscheidungen fällte – so traf sie auch diese Entscheidung für mich, ich mußte weg. Ich sollte eine Ausbildung bekommen und das hieß, ich wurde als Arbeiterin angelernt und kam zunächst in einen Betrieb, in dem Damenhüte genäht wurden, im East End. Die meisten Arbeiterinnen waren Jüdinnen aus dem Londoner

Eastend. Außer mir wurden noch eine Reihe von Flüchtlingsmädchen, vor allem Deutsche dort beschäftigt. Wir wurden von den Stammarbeiterinnen keineswegs freundlich aufgenommen; erst später begriff ich, daß wir als Lohndrückerinnen verwendet wurden. Die Situation des Betriebes war schlecht, er ging auf Kurzarbeit, die immer kürzer wurde, nach sechs Wochen sperrte der Betrieb zu, ich stand auf der Straße. Da ich damals in einem verwahrlosten Heim wohnte, das von Wanzen wimmelte, nahm sich danach eine deutsche Kollegin meiner an und brachte mich in ihre Unterkunft zu sehr netten Leuten. Nachdem der Betrieb zugesperrt hatte, kamen wir, ich und einige Kolleginnen, in einen Betrieb, der Herrenhosen nähte. Nach acht Tagen gab es dort einen Großbrand, der Betrieb brannte nieder. Danach sollte ich in eine Fabrik, in der Damenwäsche genäht wurde. Wir bekamen nur oberflächliche Instruktionen für die komplizierten Maschinen und so passierte es, daß ich eine Maschine kaputt machte. Ich flog aus dem Betrieb und wagte es nicht, mich nochmals beim Flüchtlingskomitee zu melden. Ich befürchtete, man würde mich nach Wien zurückschicken, es gab solche Gerüchte. Damals wollte ich mich in die Themse stürzen, aber es waren soviele Menschen auf der Brücke, es war unmöglich. Wieder half die Tante, ich kam nach ihrer Intervention bei dem Komitee in einen Damenwäschebetrieb, der Betrieb gehörte jüdischen Besitzern, wir hatten samstags und an jüdischen Feiertagen frei. Dann brach der Krieg aus, wir hatten ja keine offizielle Arbeitsbewilligung, alle Ausländer mußten vor ein Tribunal, das bestimmte, ob wir feindliche Ausländer waren – es dauerte, bis wir überprüft wurden und in der Zeit durfte ich nicht arbeiten. Ich ging damals bereits in das »Austrian Center«, den Treffpunkt der österreichischen Emigranten, und man bot mir an, dort im Buffet zu arbeiten. Ich bekam zwar kein Gehalt, aber Essensbons. Ich arbeitete dort von ½ 12 Uhr mittags bis 10 Uhr abends. Diese Arbeitszeit war ungünstig für ein Mittagessen, damals gewöhnte ich mir an, von schwarzem Kaffee und Kuchen, den ich ausgab, zu leben. Wir hatten zu viert ein Zimmer; als die Luftangriffe begannen – die bis zu 16 Stunden dauerten – zogen wir in das »Stüberl« im Souterrain und übernachteten dort. Das war das erste und der Anfang des zweiten Jahres in der Emigration. So schwierig die Jahre waren, sie formten zur Selbständigkeit. Wir waren jung, ich war als schüchternes, unselbständiges Mutterkind aus Österreich weggefahren, die Jahre der Emigration haben aus mir einen Menschen gemacht, der mit beiden Beinen in der Welt stand.

Nachdem Edith und Lizzi in England angekommen waren, schrieben
Rosa und Max Königsberg vor allem über die Familie; die ersten Briefe
sind voller Dank, aber auch von der Sorge um die Kinder geprägt, die
widersprüchliche Nachrichten schickten. Sie berichten von den Gängen
zur Gestapo auf der Suche nach Ignaz, Max' Bruder, der beim Übergang
nach Belgien geschnappt wurde, schicken Daten von Bekannten, für die
sich Regi um Einreise bemühen sollte. Vorsichtige Andeutungen über
»Unruhen«, Nachrichten über ausgefüllte Formulare und Fragebogen
machen das marternde Warten zwischen Verzweiflung und immer neuer Hoffnung erkennbar. Immer wieder ist von den Aussichten, doch
noch Visa zu bekommen, die Rede — nach Chile, Shanghai, Palästina
und vor allem England.

»Was bei uns
los ist, weißt Du
ja...«

*Auszüge aus den
letzten Briefen von
Rosa und Max
Königsberg, 1939*

14.8.39

Liebe Lucy! [d.i. die ältere Schwester,
die ihr Chef, für den sie Heimarbeit
gemacht hatte, nach Irland mitge-
nommen hatte und die auch nach
Kriegsbeginn sowohl mit England, als
auch mit Wien Kontakt halten konnte, weil Irland ein neutrales Land
war.] *Du bist schon im Besitze unseres letzten Briefs und wirst glauben,
wir sind schon längst über alle Berge
von hier in Italien. Aber leider. Wir
waren schon fix und fertig gepackt,
Platzkarten für Dienstag abend nach
Italien wegzufahren. Wir haben in
aller Eile den Rest unseres Möbel-
klumperts verkauft, verschenkt und
wegführen lassen und uns noch Geld
ausgeborgt, das Nötigste für die Reise
eingekauft, bis zum letzten Pfennig
ausgegeben u. Koffer gepackt. Wir haben gewartet bis Samstag auf die Verständigung von Br. bezügl. des Palä-
stina-Transportes und nachdem wir
weder von Br. noch von Regi irgendwelche Verständigung erhielten, jedoch von Dir diesen Brief, wir sollen
wegfahren, so haben wir entschlossen,*

nach Italien zu fahren. Wir haben uns am Samstag alles besorgt, abgeschleppt und abgeschwitzt bis 7 Uhr abends und um 8 h abends erfuhren wir, daß es ab 10. nicht mehr möglich ist, nach Italien zu fahren, nun muß man für jede Person 60 Pfund und eine Weiterreise vorweisen. Es sind viele zurückgekehrt, am Samstag, da sie das nicht hatten. Mein Pech, wo ich gehe, wächst kein Gras. Jetzt sitzen wir zwischen 2 Sesseln am Boden, von Italien und Palästina sind eine leere Wohnung geblieben... Das Messingbett und Otomane und den Zins haben wir bezahlt, also haben wir noch zu schlafen, also Glück beim Pech. Es ist heute der 14. und noch immer keine Verständigung bezügl. des Palästina-Transports... Wohin jetzt? Es fahren ununterbrochen Leute von hier nach England auf alle mögliche Art. Man kriegt Permits nur gegen mich hat

sich alles verschlossen, ein Pechvogel wie ich schon bin. Seit jeher. Die Rosa war Samstag abend und Sonntag ganz verzweifelt, geweint ununterbrochen. Heute ist sie schon beruhigt u. gefaßt, was nützt denn das, es hilft ja nichts, wir bleiben derweil hier, ob wir noch wegkommen ist fraglich laut den Zeitungsberichten... Meine Kinder sind ungeschickt, etwas für uns zu tun, also warten! Max.

17.8.39
Liebste Regi! Entschuldige, wenn ich Dir erst heute schreibe, da ich gewartet habe auf Nachricht aus Br. doch bis heute nicht erhalten außer noch am 18. Juli die Anmeldeformulare. Ich habe sie ausgefüllt, mit allen Daten, gleich retour geschickt und bis heute keinerlei Verständigung weiter bekommen. Jetzt ist ein Monat verstrichen, ich wartete und habe mich inzwischen vorbereitet zur Fahrt...

HALLE Serie A Nr. ... Wien, am 23. Aug. 1954

Anfrage

im Zentralmeldungsamte der Polizeidirektion Wien über die gegenwärtige Wohnung der (der)

1	Vor- und Zuname	Kalman Max Königsberg
2	Beruf	Schneidermeister
3	Geburtsort und -land	Golechov b. Stryj, Polen
4	Ledig? verheiratet? verwitwet?	verheiratet
5	Alter (Geburtsdatum)	3. Juni 1894
6	Eine bekannte frühere Adresse	2. Rembrandtstr. 22/13
7	Bei Frauen: Mädchenname, Vor- und Zuname, Beruf des Gatten	
8	Bei jüngeren Personen: Vor- und Zuname der Eltern	

Auskunft

(zum Gebrauche vor Behörden nicht geeignet und ohne Gewähr für ihre Richtigkeit gegeben).

Ist zul. gemeldet II, Rembrandtstr. 22/II/13 am 11.12.41 unbekannt abgemeldet.

HALLE Serie A Nr. ... Wien, am 23. Aug. 1954

Anfrage

im Zentralmeldungsamte der Polizeidirektion Wien über die gegenwärtige Wohnung der (der)

1	Vor- und Zuname	Rosalie Königsberg geb. Trompeter
2	Beruf	Hausfrau
3	Geburtsort und -land	Wien
4	Ledig? verheiratet? verwitwet?	verheiratet
5	Alter (Geburtsdatum)	8. Nov. 1901
6	Eine bekannte frühere Adresse	2. Rembrandtstr. 22/13
7	Bei Frauen: Mädchenname, Vor- und Zuname, Beruf des Gatten	Rosalie Trompeter; Kalman Max Königsberg, Schneidermeister
8	Bei jüngeren Personen: Vor- und Zuname der Eltern	

Auskunft

(zum Gebrauche vor Behörden nicht geeignet und ohne Gewähr für ihre Richtigkeit gegeben).

Ist zul. gemeldet II, Rembrandtstr. 22/13 am 11.12.41 unbekannt abgemeldet.

Nachdem wir von Dir am Montag das Telegramm bekommen haben, so waren wir erfreut und glaubten, wir fahren bald mit diesem Transport nach Palästina. Ich weiß ganz gut, daß ein Transport sich sehr lange zieht, jedoch möchte ich doch gerne wissen ungefähr, wann er geht, von wo aus und wo ich ihn besteigen kann, und ob ich ganz bestimmt mitfahre, auch ob noch welche von Wien mit diesem Transport mitfahren, und ich warte auf Nachricht aus Br. Ich müßte schon deshalb wissen, da ich laut Ausrüstungsliste verschiedenes zu besorgen hätte und ich so knapp, d.h. stier bin, kann ich es nicht, bis ich nicht ganz bestimmt weiß, daß wir mitfahren. So werde ich mir borgen. Darum bitte ich Dich, vielleicht kannst Du dort näheres erfahren, wie die Sache steht, und mir genau berichten, unter Diskretion halt, ich möchte gerne wissen, wie u. was? woran ich bin? Max.

26.8.39

Liebe Regi! Deinen lieben Brief erhalten und hat mich sehr gefreut, endlich von Dir ein Schreiben zu bekommen. Ich möchte schon gerne, wenn der Transport schon gehen soll und

sind wir hiezu vorbereitet, da wir doch schon früher vorbereitet waren, nur haben wir uns Reisekoffer gekauft. Jetzt für den Transport brauchen wir Rucksäcke u. andere Ausrüstung, wie auch viel Proviant und das werde ich uns kaufen, bis ich aus Br. die endgültige Verständigung bekomme, wann er abgeht, hoffentlich werden wir noch fahren können. Wie es uns geht, weißt Du ja, liest doch Zeitung... Bin nun endgültig entschlossen, mit diesem Transport und warte geduldig darauf... Max.

22.11.

Liebe Regi! Ich habe an Dich zwar schon geschrieben, jedoch keine Antwort? Ich habe schon die 4. ablehnende Antwort aus Br. erhalten und gestern ganze Absage aus finanziellen und technischen Gründen. Obwohl schon das 3. Mal von dort und von hier [ein Transport] geht, bin ich ausgeschlossen worden. Jedesmal eine andere Ausrede und jetzt endgültig abgesagt. Habe unzählige Briefe geschrieben, mich berufen auf Dich, habe von Lucy ein Telegramm, ich soll mich daran halten und mich auf die Zusage berufen, es nützt alles nichts. Max.

Warum waren meine Eltern nicht früher ausgewandert? Das hatte einen einfachen Grund – wir waren arm und hatten keine Verbindungen. Die Jahre vor dem Anschluß waren schwer gewesen, mein Vater war selbständiger Schneider, wir hatten nicht wirklich gehungert, aber wenig zu essen, die Eltern konnten mein Schulgeld nicht bezahlen, für Bücher war kein Geld da. Wir aßen oft falsche Suppe und Mama schloß die Tür ab, damit die Nachbarin das nicht sah. Dann kam Hitler, viele wohlhabende Juden wanderten aus und ließen sich bei meinem Vater (zu Hause, das Geschäft hatte er aufgegeben) Kleider machen – man durfte ja kein Geld mitnehmen. Und mein Vater wollte

nicht mit leeren Händen ohne Geld in die Fremde, er wollte noch was verdienen, um einen Notgroschen zu haben. Zudem wollte er alles versuchen, um seinen Bruder Ignaz aus dem KZ freizubekommen, bevor er das Land verließ. Die Ironie des Schicksals wollte es, daß dieser Bruder sieben Jahre KZ überlebte und er umkam. Nach Amerika konnte er nicht, er hatte dort niemanden, der ihm ein Affidavit verschaffte, und er fiel unter die Quote der Polen, die wesentlich schlechter war als die für Österreicher. Dazu kam das Problem mit Mama, die eine Hautkrankheit hatte, und erstens war die Frage, ob sie ein ärztliches Zeugnis bekommen würde, außerdem durfte sie nicht in die Son-

Kein Glück
Edith Königsberg,
Tonbandprotokoll

ne, wie sollte sie in einem Land mit tropischem Klima leben. Sie versuchten verschiedene Länder. Anfangs war es noch möglich, als sogenanntes married couple in einen englischen Haushalt zu kommen, viele Frauen reisten als Hausgehilfin hin und versuchten, ihre Männer nachkommen zu lassen. Als die britischen Behörden dies erkannten, wurde es verboten, verheiratete Frauen nach England zu holen.

Leider gab es auch sehr viele Schwindelorganisationen, denen es nur ums Geld ging und die die Leute betrogen. Meine Eltern waren einer solchen Organisation aufgesessen. Es war ihnen versprochen worden, daß sie über Brünn nach Palästina kommen würden, die Tante aus Irland hatte viel Geld dafür hinterlegt.

Sie mußten ihre Wohnung verlassen und wurden von einem Massenquartier zum anderen geschickt, wir wissen wenig darüber.

Sehr spät im Jahre 1941 bekamen die Eltern endlich ein Affidavit nach Amerika und nun sollte eine Schiffskarte im Ausland besorgt werden, aber es war unmöglich, zwischen England und Deutschland war Krieg und im Dezember 41 erklärte Amerika dann Deutschland den Krieg, damit war diese Möglichkeit zu Ende.

Sie wurden nach Riga verschickt.

Von ihrem Tod erfuhr ich erst nach meiner Rückkehr im Herbst 1946.

Ende 1946 traf ich meine ehemalige Deutschlehrerin, sie war zwar Nazi, aber liebte ihre jüdischen Schülerinnen. Als sie nach meinen Eltern fragte, erzählte ich, daß sie im Lager umgekommen seien. Sie reagierte erstaunt: »Ja, hat es das wirklich gegeben?«

Israelitische Kultusgemeinde Wien
I, Schottenring 25

Wien, 23. August 1954

/B

Zur Vorlage beim
Landesgericht f. ZRS
Abt. 48

Auf Grund unserer Aufzeichnungen bestätigen wir, daß

Herr   Kalman , Moses   K ö n i g s b e r g

geb. 3. Juni   1894

Letzte Adresse : II. Rembrandtstrasse 22/13

am 3. Dezember 1941 nach   R i g a   deportiert wurde und

in unserer Rückkehrerkartei nicht aufscheint.

ISRAEL KULTUSGEMEINDE WIEN
BEVÖLKERUNGSWESEN

Israelitische Kultusgemeinde Wien
I, Schottenring 25

Wien, 23. August 1954

/E

Zur Vorlage beim
Landesgericht f. ZRS
Abt. 48

Auf Grund unserer Aufzeichnungen bestätigen wir, daß

Frau   Rosalie   K ö n i g s b e r g

geb. 8. November 1901

Letzte Adresse : Wien II. Rembrandtstrasse 22/13

am 3. Dezember 1941 nach   R i g a   deportiert wurde und

in unserer Rückkehrerkartei nicht aufscheint.

ISRAEL KULTUSGEMEINDE WIEN
BEVÖLKERUNGSWESEN

Anhang

Die Lage der Juden in Deutschland 1933. Das Schwarzbuch – Tatsachen und Dokumente. Hg. vom Comité des Délégations Juives (Paris 1934), Neuauflage Berlin 1983

Quellen- und Literatur-Verzeichnis

Joseph Walk (Hg.), Das Sonderrecht für die Juden im NS-Staat, Heidelberg/Karlsruhe 1981

Bruno Blau, Das Ausnahmerecht für die Juden in Deutschland, Düsseldorf 1954

Helmut Genschel, Die Verdrängung der Juden aus der Wirtschaft im Dritten Reich, Göttingen 1966

Kurt Pätzold (Hg.), Verfolgung-Vertreibung-Vernichtung. Dokumente des faschistischen Antisemitismus 1933-1942, Leipzig 1983

Avraham Barkai, Vom Boykott zur »Entjudung«. Der wirtschaftliche Existenzkampf der Juden im Dritten Reich 1933-1943, Frankfurt/M. 1988

Walter H. Pehle (Hg.), Der Judenpogrom 1938. Von der »Reichskristallnacht« zum Völkermord, Frankfurt 1988

Hans-Dieter Schmid, Gerhard Schneider, Wilhelm Sommer (Hg.), Juden unterm Hakenkreuz, Band 1 und 2, Düsseldorf 1983

Monika Richarz, Jüdisches Leben in Deutschland, Dritter Band Selbstzeugnisse zur Sozialgeschichte 1918-1945, mit einer Einleitung von Monika Richarz, Stuttgart 1982

Hannah Arendt, Eichmann in Jerusalem. Ein Bericht von der Banalität des Bösen, München 1964

Gerhard Schönberner, Der gelbe Stern, Die Judenverfolgung in Europa 1933-1945, Gütersloh 1968

Wegweiser durch das jüdische Berlin, Berlin 1987

Joseph Wulf, Literatur und Dichtung im Dritten Reich, Eine Dokumentation, Frankfurt/M.-Berlin-Wien 1983

Volker Dahm, Das Jüdische Buch im Dritten Reich, Erster Teil: Die Ausschaltung der jüdischen Autoren, Verleger und Buchhändler, Frankfurt/M. 1979

Herbert Freeden, Jüdisches Theater in Nazideutschland, Tübingen 1984

Herbert Freeden, Die Jüdische Presse im Dritten Reich, Frankfurt/M. 1987

In den Katakomben. Jüdische Verlage in Deutschland 1933-1938, bearb. von Ingrid Belke, Marbacher Magazin 25/1983

Ulrich Walberer (Hg.), 10. Mai 1933, Bücherverbrennung in Deutschland und die Folgen, Frankfurt/M. 1983

Jacob Toury, Die politischen Orientierungen der Juden in Deutschland, Tübingen 1966

Ulrich Dunker, Der Reichsbund jüdischer Frontsoldaten 1919-1938. Geschichte eines jüdischen Abwehrvereins, Düsseldorf 1977

Mario Offenberg (Hg.), Adass Jisroel. Die jüdische Gemeinde in Berlin (1869-1942).Vernichtet und vergessen, Berlin 1986

Christian Pross, Rolf Wienau (Hg.), nicht mißhandeln. Das Krankenhaus Moabit. Stätten der Geschichte Berlins, Band 5, Berlin 1984

Uwe Westphal, Berliner Konfektion und Mode 1836-1939. Die Zerstörung einer Tradition. Stätten der Geschichte Berlins, Band 14, Berlin 1986

Christine Fischer-Defoy (Hg.), Charlotte Salomon – Leben oder Theater, Berlin 1986

Victor Klemperer, LTI. Notizbuch eines Philologen, 2. Auflage, Halle 1957

Wolfgang Dreßen (Hg.), Jüdisches Leben, Berliner Topographien 4, Berlin 1985

Hermann Simon, Das Jüdische Museum in der Oranienburger Straße, Berlin 1983

Hans Safrian, Hans Witek, Und keiner war dabei. Dokumente des alltäglichen Antisemitismus in Wien 1938, Wien 1988.

NS-Deutsch. »Selbstverständliche Begriffe und Schlagwörter aus der Zeit des Nationalsozialismus, Straelen/Niederrhein 1988

Arnold Paucker u.a. (Hg.), Die Juden im nationalsozialistischen Deutschland 1933-1943, Tübingen 1986

Ursula Büttner (Hg.), Das Unrechtsregime. Internationale Forschungen über den Nationalsozialismus, 2 Bde., Hamburg 1986

Olga Rinne, Über die Auswirkungen faschistischer Herrschaft auf die sozialarbeiterische Ausbildung und Praxis am Beispiel der Sozialen Frauenschule Berlin, Ms. Berlin 1987

Reinhard Rürup, Emanzipation und Antisemitismus. Studien zur »Judenfrage« der bürgerlichen Gesellschaft, Göttingen 1975

Rolf Landwehr, Rüdeger Barm (Hg.), Geschichte der Sozialarbeit, Weinheim-Basel 1983

Wien 1938, Ausstellungskatalog, Wien 1988

Adolf Hitler, Mein Kampf, München 1925

Bildquellen-Verzeichnis

Familie Rosenstrauch: Seiten 139, 142, 144, 148, 150, 154, 158, 159, 160 und 163.

Österreichisches Institut für Zeitgeschichte Wien: Seiten: 135, 136, 137, 141, 143, 145, 149, 151, 161.

Alle übrigen Fotos von Abraham Pisarek.

Die Herausgeberin

Hazel Elfriede Rosenstrauch wurde 1945 in London geboren und wuchs in Wien auf. Nach Aufenthalten in New York und Toronto Studium der Germanistik, Philosophie und Soziologie in Berlin, Promotion im Fach Empirische Kulturwissenschaft (Tübingen) mit einer Arbeit über Verlagsgeschichte; Forschungs- und Lehrtätigkeit an der FU Berlin, zahlreiche journalistische, literaturkritische und wissenschaftliche Veröffentlichungen in Tageszeitungen, Zeitschriften und Büchern, u.a. Kursbuch, Konkret, Literaturmagazin (unter Pseudonym Hazel E. Hazel). Sie lebt zur Zeit als Publizistin in Berlin und Wien.